Alois Angerpointner
Butterhex und Hacklmo

Alois Angerpointner
Butterhex und Hacklmo
Sagen aus Altbayern

BAYERLAND

Unser gesamtes lieferbares Programm und Informationen
über Neuerscheinungen finden Sie unter www.bayerland.de

Verlag und Gesamtherstellung:
Druckerei und Verlagsanstalt »Bayerland« GmbH
85221 Dachau, Konrad-Adenauer-Straße 19

Titelbild: Vincent van Gogh »Weizenfeld mit Raben«
© ARTOTHEK
Holzschnitte und Zeichnungen im Innenteil: Wolfgang Huss Steinfurt

Alle Rechte vorbehalten.

© Druckerei und Verlagsanstalt »Bayerland« GmbH
85221 Dachau, 2017

Printed in Germany · ISBN 978-3-89251-491-6

Vorwort des Verlages

Vor genau vierzig Jahren (1977) ist in unserem Verlagshaus der erste Band »Altbairische Sagen« erschienen, dem noch zwei weitere Bände (1980 Band 2 und 1985 Band 3) folgten. Gesammelt und aufgezeichnet wurden die Texte von Alois Angerpointner (1915–1991). Der ausgebildete Lehrer und spätere Schulamtsdirektor wirkte auch als Kreisheimatpfleger von Freising und ab 1971 als Dachauer Kreisheimatpfleger, zudem war er Mitbegründer und Schriftführer der Heimatzeitschrift »Amperland«. Immer war es ihm ein Anliegen, durch volkskundliche Betrachtungen das Leben und Denken der Altvorderen zu erfassen und zu verstehen. »Dabei erkannte er«, wie Gerhard Hanke in seiner Kurzbiografie (Amperland 1990, S. 480) schreibt, »dass das rationale Denken die früheren Menschen weit weniger als heute bestimmte, dass vielmehr ein irrationales Empfinden vorherrschte, das sich in traditionellem Brauchtum, in Sagen und fabelhaften Überlieferungen wie auch in Lebensnormen äußert, die wir heute als Aberglaube bezeichnen und abtun.«

Sagen und Legenden also, die in einprägsamer Form Auskunft geben über die Geschichte des Ortes oder der Dorfkirche – und andererseits Schlaglichter auf die Lebenswelt unserer Ahnen werfen. In den Zeiten vor Rundfunk, Fernsehen und WorldWideWeb war es üblich, sich an den langen dunklen Winterabenden zu Erzählrunden zusammenzufinden. Da wurden die Erlebnisse von Vorfahren weitergegeben und ausgeschmückt oder alte Mythen wiederbelebt. Nicht nur zur spannenden Unterhaltung, zum wohligen Gruseln wurden diese Sagen damals erzählt, sondern auch, um bestimmte Verhaltensweisen einzuüben und zu verstärken. Als Muster dienten die alten Geschichten: In ihnen wird das Einhalten von Regeln belohnt, Normverstöße werden bestraft. Hat man sich eines Vergehens schuldig gemacht – sei es, dass man unrechtmäßig einen Grenzstein versetzt oder bloß zu kleine Würste abgedreht hat –, holt einen der Teufel (der noch unseren Großeltern sehr »leibhaftig« war) oder man muss nach dem Tod »umgehen«, bis die Freveltat gesühnt ist. Ist man jedoch anständig und fleißig, doch trotz heftiger Anstrengung will einem ein Werk nicht gelingen, so hat gewiss eine Hex die Hand im Spiel. Die Präsenz übersinnlicher Kräfte wird als real empfunden und Wunder kommen tatsächlich vor.

Das in den letzten Jahren wiedererwachte Interesse an der Heimat hat es mit sich gebracht, dass sich die Menschen neuerlich mit althergebrachten Geschichten, Sagen und Legenden aus der näheren Umgebung beschäftigen. Aus diesem Grund haben wir uns entschlossen, die verdienstvolle Sammlung von Alois Angerpointner neu aufzulegen, als Ausgabe in einem Band und in behutsam modernisierter Schreibung. Der von Angerpointner in seiner Darstellung bewahrte schlichte volkstümliche Ton der Überlieferung von Mund zu Mund wurde dabei beibehalten.

Eine Auswahl der in der dreibändigen Originalausgabe enthaltenen Illustrationen wurde ebenfalls aufgenommen. Ihr Schöpfer, der Künstler Wolfgang Huss Steinfurt (geb. 1942), lebte in den 1970er/1980er Jahren in Hirtlbach im Landkreis Dachau. Ihm gelang es, die Menschen des Ampertals in ihrer Tracht, mit ihrer typischen Physiognomie in seinen Arbeiten auftreten zu lassen, die Hügellandschaft mit ihren Dörfern abzubilden. Seine Holzschnitte und Zeichnungen sind kongeniale Interpretationen des Sagengeschehens, Veranschaulichungen einer heute versunkenen Wunderwelt. Für die Erlaubnis, seine Kunstwerke in unserer Veröffentlichung zu verwenden, bedanken wir uns herzlich bei Wolfgang Huss Steinfurt.

Ihnen, liebe Leserin und lieber Leser, wünschen wir ein intensives Lese-Erlebnis, wenn Sie nun eintauchen in die von wundersamen Ereignissen geprägte und von Sagengestalten bevölkerte Welt unserer Vorfahren.

Der Teufel auf dem Markpfeiler

AINHOFEN
Der Teufel auf dem Markpfeiler

Im 19. Jahrhundert soll in Ainhofen oder in Kleinschwabhausen ein Bauer gelebt haben. Von ihm wird erzählt, er habe zu seinen Lebzeiten mehrmals einen Markpfeiler versetzt. Zur Strafe soll er nach seinem Tode dazu verdammt worden sein, an besonderen Tagen im Wald auf einem seiner versetzten Grenzsteine sitzen zu müssen.

Eines Tages ging ein Schäffler aus Ottelsburg zu sehr später Stunde von Ainhofen nach Hause. Kurz hinter Kleinschwabhausen sah er in Richtung Eichstock einen feurigen Teufel auf einem Markpfeiler sitzen. Dort soll es sowieso auf dem Mennonitenfriedhof nie mit rechten Dingen zugegangen sein. Dem ängstlichen Mann stockte der Atem, sein Herz setzte vor Schreck aus und das Entsetzen packte ihn. Aus der Ferne hörte er eine schauerliche Stimme. Langsam ging sie in ein noch grauenhafteres Stöhnen über. Zuletzt hörte er nur noch undeutlich wimmern: »Maß und Gewicht kommen vor Gottes Gericht!« Doch da besann sich der brave Mann und schlug schnell ein paar Kreuzzeichen, hauchte ein Stoßgebet zum Himmel und lief, so schnell er konnte, dem nahen Wald zu. Von dort erst getraute er sich einen kurzen Blick zurückzuwerfen. Er bemerkte mit neuem Entsetzen, dass sich der feurige Lichtschein bewegt hatte und nun näher kam. In seiner grenzenlosen Not und Verzweiflung erinnerte er sich an die Geschichte des gestraften Bauern. Schnell betete er für dessen arme Seele und siehe da, der Lichtschein verschwand.

Keuchend und völlig abgehetzt kam der arme Schäffler nach Senkenschlag. Dort kehrte er bei Freunden ein und erholte sich nur langsam von den Schrecken dieser Nacht.

AINHOFEN
Die Madonnenlegenden von Ainhofen
Der Pfarrer von Einhofen erblindete

In Ainhofen sollte eine Prozession mit dem Gnadenbild abgehalten werden. Man kam aber über den Friedhof nicht hinaus; man konnte die Madonna nicht über die Schwelle des Friedhofs bringen.

Da soll nun der Pfarrer, um die Madonna leichter zu machen, auf die Idee gekommen sein, der Gottesmutter die entblößte Brust, an der sich das Jesuskind nährt, abschlagen zu lassen.

Der Pfarrer soll gesagt haben: »Die Weiber pflegen gemainiglich zu springen, wan Sye an die Brüste verwundt.« Darauf hat man ein Messer genommen und an der Statue der Gottesmutter zu schneiden begonnen. »Auf welche vermessene That dieser schneidende Priester als bald ganz und gar erblindt.« (Handschrift in Ainhofen). Seinen Frevel sah nun der Priester ein. Erst nach langer Buße und inbrünstiger Verehrung »Unserer Lieben Frau von Ainhofen« soll er auf wunderbare Weise sein Augenlicht wieder erhalten haben.

Diese Begebenheit ist als erstes Wunder aufgezeichnet und brachte die Wallfahrt, die schon lange vorher bestand, zu neuem Leben. Im Kloster Indersdorf war bis zu seiner Auflösung im Jahre 1783 auf einer Tafel dieses Ereignis zu sehen und eine Abschrift war dem Bischof von Freising geschickt worden.

Eine andere Version erzählt die Geschichte so: Im Jahre 1512 wollte der Pfarrer Reiter von Ainhofen das Gnadenbild restaurieren lassen. Es vermochte nun weder der Pfarrer noch der Mesner das Bild über die Friedhofsmauer zu heben, um die Madonna wegbringen zu lassen.

Sechs Pferde konnten den Wagen nicht ziehen

Die Indersdorfer, die schon immer die Madonna von Ainhofen als »ihre Madonna« bezeichnet haben, weil diese angeblich um 1150 vom Augustiner-Chorherrenkloster nach Ainhofen gebracht worden ist – andere nehmen sogar an, sie wäre als sogenannte Gründer- oder Stiftermadonna aus dem Kloster Obermarbach im Elsass gekommen und von den Augustiner-Chorherren mitgebracht worden –, wollten diese Madonna in ihre doppeltürmige Mutterkirche zurückholen. Mit einem »großen« Gespann, das heißt einem Brückenwagen, der mit sechs Pferden bespannt war, sind sie ausgezogen. Die Madonna war schon aufgeladen und unter traurigem Geläute bis Gundackersdorf gekommen; da konnten die sechs Pferde den Berg nicht überwinden und blieben wie angewurzelt stehen.

Darin erblickte man ein Zeichen des Himmels, dass die Madonna mit dem Kinde an der Brust in Ainhofen bleiben wollte.

Zum Andenken an diese wunderbare und seltsame Errettung und Erhaltung »ihrer Madonna« erbauten die Ainhofener auf der Wal-

deshöhe gegen Gundackersdorf eine Gedenksäule und stellten eine herrliche Barockmadonna darauf.
Leider wurde diese Madonna im 20. Jahrhundert gestohlen. (Ob das wohl bei einer so empfindlichen Madonna, wie die von Ainhofen eine ist, gutgehen wird?)

Alling
Der Mann ohne Kopf

Wenn einem in stockfinsterer Nacht eine Gestalt ohne Kopf begegnet, hat das immer etwas zu bedeuten; diese ist eben noch nicht erlöst. Ihr Umgehen stellt eine hautnahe Bedrohung dar, ja kann einem den bevorstehenden plötzlichen Tod anzeigen. In diesem Falle dürfte es sich um diejenige Erlösung handeln, die der Umgehende für sich selber erwartet hätte.

Ein Mann ging einmal zur Nachtzeit von Holzhausen nach Alling, den Starxelbach abwärts, bis er an den sogenannten Germansberg kam, auf dem eine »Römerschanze« ist, wie die Leute manchmal zu den sogenannten Keltenschanzen sagen. Da stand ganz plötzlich vor ihm ein Mann, der keinen Kopf mehr hatte. Dieser Mann ohne Kopf warf keinen Schatten, obwohl es Vollmond war; der Schnee hätte seinen Schatten deutlich auf dem hellen Weiß nachzeichnen müssen. Vor Angst und Schrecken wusste der einsame Wanderer gleich gar nicht, was er tun sollte. So fing er einfach zu beten an. – Nun merkte er, dass das Gespenst ohne Kopf sich ihm langsam, Schritt für Schritt, weiter näherte; zuletzt war der Mann ohne Kopf so nahe, dass der Wanderer meinte, das Gespenst würde sich jeden Augenblick auf ihn werfen und ihn zu erdrücken versuchen. Da überlegte sich der Bedrohte blitzschnell eine andere Methode: »Hilft schon das Beten nicht, so tut dies vielleicht das Fluchen!« Jetzt fing er ganz gottserbärmlich zu fluchen an. Das konnte nun der Kopflose offensichtlich in der Tat nicht vertragen; er entfernte sich langsam, so wie er aufgetaucht war, weiter und weiter – und verschwand lautlos im Zwielicht des Germansberger Waldes.

Der Ausgang dieser Sage befriedigt nicht; es scheint, dass dieser Mann ohne Kopf traurig und nicht erlöst davonschleichen musste; er hatte auf das erlösende Schlüsselwort gehofft, das ihn von seinem ewigen Wandern befreien würde. Das Beten hat ihm nicht geholfen; es war zu anonym. Das gotteslästerliche Fluchen, das wir Heutigen gar nicht mehr so recht beherrschen wie etwa die früheren Rossknechte, tat es erst recht nicht: Mit Beelzebub kann man den Beelzebub nicht austreiben. – Was dem rast- und ruhelosen Wanderer ohne Kopf vielleicht geholfen hätte, wäre das Ansprechen, das Fragen nach dem Woher und Wohin, nach dem Warum und Weshalb gewesen. So wandert der Mann ohne Kopf weiter; wann und wo, wie lange und wie oft – das wissen wir nicht.

Altomünster
Die St.-Alto-Legenden
Die Gründung des Klosters durch St. Alto

In den frühen Tagen des Christentums in Altbayern zogen angelsächsische Mönche durch das Land, um den christlichen Glauben zu verbreiten. Nach langen Wanderungen kam so auch der Einsiedler Alto in unsere Gegend. Dies geschah um das Jahr 730, als noch große Wälder unser Land bedeckten. In der Nähe des heutigen Altomünster machte der Mönch halt und errichtete, vermutlich am Platz einer heidnischen Kultstätte, seine Behausung. In dieser unwirtlichen Gegend führte er lange Jahre ein einsames und gottesfürchtiges Leben, bis König Pippin der Jüngere Kunde von dem Einsiedler erhielt, der in seinen Wäldern hauste. Da Pippin schon immer für die Verbreitung des christlichen Glaubens eintrat, schenkte er dem ehrwürdigen Mönch einen großen Teil des Waldes, damit er ein Kloster bauen und gründen könne.

Das Brunnenwunder

Der Stumpfenbach führte Wasser genug, doch auf der Anhöhe fehlte es.

Da stieß der heilige Alto seinen Wanderstab in den Boden und reines Quellwasser sprudelte hervor, das bis auf den heutigen Tag nie mehr versiegte. Der Sage nach durften nur die Mönche diese Quelle benutzen.

Die Rodungslegende

Nun musste der Wald gerodet werden, um Platz zu schaffen für den Kirchen- und Klosterbau, aber auch um eine kleine Ansiedlung für Bauern und Handwerker anzulegen. Da zeichnete der heilige Alto mit seinem Haumesser die Bäume an, die gefällt werden sollten. Gleich darauf fielen diese von selbst um. Die Vögel des Waldes kamen herbei und trugen das Geäst fort. Nur die Elster weigerte sich beharrlich. Da verfluchte der heilige Alto sie. Seitdem soll es in Altomünster keine Elstern mehr gegeben haben.

Das Kelchwunder

Für die tiefe Gläubigkeit des heiligen Alto zeugt das Kelchwunder. Bei der Feier der heiligen Messe erschien ihm während der Wandlung, aus dem Kelch emporsteigend, das segnende Jesuskind.

Das Kloster ersteht aufs Neue

Der heilige Alto wirkte bis zu seinem Tode in Altomünster. Bald danach fielen das Kloster und die anliegenden Ländereien den Welfen anheim. Das Kloster verfiel und wurde später zerstört.

Da soll der heilige Alto einem frommen Mann im Traum erschienen sein. Er drückte ihm sein Missfallen darüber aus und soll etwa so zu ihm gesprochen haben: »Gehe hin zu den mächtigen Besitzern und sage ihnen, es wäre mein Wille, dass sie das Kloster wieder errichten.« Der fromme Mann war von diesem Traum sehr verwirrt und beriet sich mit seiner Frau, was er tun solle. Aus wohlbegründeter Angst riet sie ihm jedoch ab, diesen Traum den hohen Herren mitzuteilen. Er folgte dem Rat seiner Frau und schwieg. Da offenbarte sich ihm der Heilige noch ein zweites Mal und drohte ihm dabei mit Strafe, sollte er der Weisung nicht folgen. Aber auch jetzt getraute sich der brave Mann nicht, seinem Herrn unter die Augen zu treten.

Bald darauf erschien dem Mann ein Mönch, der ihm sagte: »Mein Herr hat mich zu dir gesandt. Damit du erkennst, dass deine Erscheinungen im Traum Wirklichkeit sind, wird dich die Strafe, die dir angekündigt wurde, augenblicklich treffen.« Sogleich erlitt der Arme fürchterliche Prügel am ganzen Leib. Es erging ihm so schlimm, dass er meinte, er sollte totgeschlagen werden. Der Mönch sprach darauf

Die St.-Alto-Legenden – Das Brunnenwunder

zu ihm: »Daran erkennst du, dass du tun musst, was dir befohlen wurde!«

Der so schwer Gezüchtigte sah in seiner Not keinen anderen Ausweg mehr und begab sich sogleich zum Grafen Welf, um ihm den Willen des Heiligen zu verkünden. Graf Welf aber glaubte ihm die Botschaft und ließ das Kloster neu erstehen.

Altomünster
Ein Ziborium verschwand spurlos

Am 18. März 1803, dem Vorabend zum Hochfest des heiligen Josef – man suchte bewusst solche Termine bei der Säkularisierung eines Klosters aus, um den Konvent in seiner Feiertagsruhe zu stören und auch bewusst zu ärgern –, erschien der Landrichter von Rain am Lech – Franz Heinrich Tünnermann –, der die Auflösung des Birgittenklosters von Altomünster durchführen sollte.

Bevor es aber zu einer öffentlichen Versteigerung aller Wertgegenstände und zum Abtransport der Bücher und der wertvollen Messkelche gekommen war, hatte man bereits ein sehr kostbares, uraltes, silbernes und schwer vergoldetes Ziborium (ein Aufbewahrungsgefäß für geweihte Hostien) auf die Seite geschafft. – Man fühlte sich gleichsam all den vielen Nonnen und Mönchen zum Dank verpflichtet, die seit der Gründung des Klosters im 8. Jahrhundert hier gebetet, gesungen, geopfert und gedarbt hatten. Es sollte doch möglich sein, einiges den goldgierigen Späheraugen des Mannes mit dem blauen Frack entgehen zu lassen und der Nachwelt zu erhalten.

Nachdem man dieses überaus wertvolle Stück schnell noch hatte verschwinden lassen, rief der Landrichter von Rain die Äbtissin und ihren ganzen Konvent herbei, um das Schreiben des Kurfürsten zu verlesen, des Inhalts, dass der gesamte Besitz des Klosters und der Kirche dem bayerischen Staate anheimfalle.

Der Aufhebungskommissär Franz Heinrich Tünnermann ging mit seinen Gehilfen, wie überall in Altbayern, so auch hier mit größter Rücksichtslosigkeit ans Werk. Nichts war ihnen zu heilig oder zu ehrwürdig, wenn man nur genug Gold und Silber fand, um es nach München abtransportieren zu können.

Allein das Ziborium entging den Fahndern, die alles mitnahmen, was nur irgendeinen Wert besaß.

Altomünster
Der feurige Hund bei der schwarzen Lache

An der ehemaligen Bezirksamtsgrenze zwischen Aichach und Dachau stand an der Straße zwischen Altomünster und Pipinsried bis zum Jahre 1973 ein sogenanntes Bezirksamtsgrenzschild. Die Stelle, die dort in den Talgrund der Erlach hinunterging, nannte man »die schwarze Lache«. Hier soll einmal ein Schloss gestanden sein. Weil aber die übermütigen Schlossbewohner mit dem Brot einen solchen Frevel getrieben und Brotlaibe als Pflastersteine für die miserablen Straßen verwendet hatten, ging das Schloss mit seinen Bewohnern an einem Spätherbsttage bei einem fürchterlichen Unwetter mit Mann und Maus unter. Nur die »schwarze Lache« erinnert noch an diese Stelle.

Wenn man zu später Nachtzeit, besonders anfangs November, vorbeiging, konnte man einen feurigen Hund herumstreunen sehen, der feurige Schlüssel im Maul trug. Anderen soll an der gleichen Stelle ein Pferd ohne Kopf erschienen sein.

Einem Mädchen muss einmal dieser feurige Hund sogar nachgelaufen sein, wenn man das wirre Gerede des Mädchens richtig zu deuten versuchte. Auf alle Fälle war das Mädchen nicht mehr recht im Kopf. Die Eltern mussten es in eine Irrenanstalt geben und es starb bald darauf.

Altomünster
Die heilige Euphemia

In das Benediktinerinnenkloster von Altomünster trat um die Mitte des 12. Jahrhunderts Euphemia ein, nachdem sie zuerst, genau wie ihre (Stief-)Schwester Mathilde (Mechthildis), seit dem fünften Lebensjahr im Kloster zu Dießen als Kanonissin erzogen worden war. Als sie sich mit vierzehn Jahren für das weltliche oder das geistliche Leben zu entscheiden hatte, wählte sie das Benediktinerinnenkloster von Altomünster.

Nach dem Tode der Äbtissin wurde sie zu diesem hohen Amt auserkoren. Sie stand ihrem Kloster mit großem Segen vor und starb im Rufe der Heiligkeit vermutlich am 17. Juni 1180. Unter ihrer Leitung soll die Hirsauer Reform auch in Altomünster eingeführt worden sein.

Ihr Leichnam wurde in das Kloster Dießen gebracht und dort in der Familiengruft neben dem Sarg ihrer heiligmäßig gestorbenen Schwester Mechthildis feierlich bestattet, und zwar vor dem Altar des heiligen Johannes des Evangelisten. In Altomünster und auch bei Raderus (Bavaria sancta, II/203) wird sie als Heilige (sancta) bezeichnet; das Martyrologium der Benediktiner nennt sie als Selige (beata).

Sie soll von Zeit zu Zeit an ihren Sarg klopfen, um die Gläubigen daran zu erinnern, dass sie noch nicht heiliggesprochen ist wie ihre Schwester Mechthildis. Es wäre nun an der Zeit.

AMPERMOCHING
Da Deife im Rührfassl

Z' Moching (Ampermoching), sagn d' Leit, hod se amoi a Beirin an Deife voschriebn. Dao dafür hods vo eahm a Soim griagt, mit dera hods wos Bsundars ghabt. De Beirin hod de Soim bein Buddan bloß as Fassl neiriahn braucha, na is ihra da Budda gar nimma ausganga. Zu deara Zeit is da Budda no vui rara gwen wia heid. Newa dera Beirin hods aa an Schneida gebn, dea wo ois gwisst hod und aa d' Nosn iwaroi drin kod hod und dea hod des spitz griagt. De Sach hod eahm gar koa Ruah nimma lassn und da hod a se denkt:»A so a Soim, de brauch i aa. Und wenn de oana zammamischn ko, na bloß da Abatheka, des is a Fuchs.« Da isa naocha gei no zu eahm. Dea hod 'n aa gei gfragt, wos eahm heid scho wieda feid und hod se recht gwundat, zweng wosa goar a so umanandadruckt, wiar a Katz, de wo d'Wuarscht gschtoin hod.»Du muaßt ma hoifa, Steffe, aba do davo, do deaf koana wos erfahrn«, hod a na rauslassn.»De oid Gatschlbeirin, de muaß a sakrisch Mittl hom, wiar ihra da Budda gar nimma ausgeht. Un ar a soiches, des muaß i aa hom. Für mei Reißn host aa a ganz guade Soim kod und na werst a doch für mei Buddan aa oane zammabringa.«

Dea Abatheka, dea wo an Schneida sonst ganz gern gsegn hod, dea is gei a so daschrocka, dass a gar nix mehr sagn hod kenna. Des is ja koa Wunda gwen, weil da Abatheka a gottsfürchtiga und a grundanständiger Mensch gwen is, dea wo in da Gmoa d' Orgel gspuid hod und sonst aa für jede grade Sach zum hom war. Und da Pfarra war aa a guada Freind vo eahm. Wiar a se wieda dafangt kod hod, is a narrisch woan:»Du hundheidana Hosenflicka, du! Wuist du mi um mei Ehr und um mei Seel bringa mit dein Deifeszeig. Wuist mi für mei ganzs

Lehm vaderbn? Und bloß wegar an so an Schmarrn. Wenn des da Hochwürdn Herr Pfarra dagneist, na is's aus mit da Abathekn, na kon i gleich as Armahaus geh. Wenn des d' Leid inna wern, na kemmas oisam daher und woin aa an so an Schmarrn kaffa. Und mei guade Soim, de wer i nimma los, wei oisam moana, do war aa da Deife din. Und überhaupts, wiast du de draust, kimmst do daher und bringst ma soichane Sacha ins Haus. Des ist koa Freindschaft nimma, des woas du da wuist. Schaug bloß, dass d' naus kimmst und lass de ja nimma blicka!« Wia meahra ois da Abatheka gschimpft hod, wia narrischa ois a worn is. So narrisch, dass des Grischperl von am Schneida aus'm Haus naus is.»Ja geh bloß hoam«, hod a eahm nachblerrd,»des is a anständige Abathekn und koa Hexnküch!« Dahoam in seina Noadarastubn is eahm koa Arweit mehr vo da Hand ganga, er hod bloß no an des Mittl denga müassn zum Ausbuddan. Und de Streiterei mit'n Abatheka hods bloß no schlimmer gmacht.»Itzt muaß 's her, ob da Abatheka mag oder ned. Was a no hod, a so a bissl Buiva, des kost do ned d' Seligkeit. Oaft soll er's bhalten, dea Soimbatza! – Jetzad kon i 's bloß no deara Gatschlbeirin stoin.«

A da gleichn Nocht no is a num und hods da Beirin vo da Kuchl raus. A da gleichn Nocht no hod as ausprobiern müassn, ob's aa wos daugt. Grad hods zwoife gschlagn ghat. So narrisch hod a grührt, dass's aa recht schnoi zammaganga is, des Grüahrat, bis's eahm auf amoi 's Fassl z'rissn hod und da Deife aussagsprunga is.»Deife, Deife«, hod da Sakrische gschrian,»was is'n des für oana, wo bin'en da hikemma. Mit dem hob i a gar nix z'toan. Dea ghört a mir no gar net, dea Malefizschneida, dea hintafotzige!« Und naus is a bein Ofaloch, da Deife, und wieda zu da Seinign num, de wo eahm gwiss scho ghört hod. Des is aa an Deife no nia passiert gwen, dass'n oana gstoin hod. Vo deara Nocht weg hod da Schneida koa Buddafassl mehr ghabt und hod a koan Buddan mehr mögn. Und mit seina Arweit is's aa nimmer gscheid ganga. Seine Händ hom oanfach nimma so woin. De hom a so ziddat, dass a d' Naol nimma hod hem kenna. Jatzad is's eahm erst recht schlecht ganga und er hod's aa nimma lang dapackt auf deara Woid.

AMPERMOCHING
Vom Bocksreiter

Gerade im Ampertal um »Moching« herum, erzählen sich die Leute, soll der »Bilmesreida, Bilmesschneida oda da Bocksreida, da Goaßbockreida« umgehen – dies besonders in den Freinächten, das heißt am St.-Veits-Tag (15. Juni), am Johannitag (24. Juni) und am St.-Peter-und-Paul-Tag (29. Juni). Da richtet er den größten Schaden an; ganze Kreise und lange »Stroafen« sind da aus dem wogenden Ährenfeld herausgemäht. Alle Halme sind ganz kurz über dem Boden abgeschnitten, und die Stoppeln sehen braun, brandig und »ruaßig« aus, eben von dem »Bocksreida« versengt.

Der Goaßbock, auf dem der »Goaßbockreida« hockt, ist ein schwarzes, langhaariges Zotteltier, das einen nach Mist und Schwefel dampfenden Atem ausstößt; der Goaßbock aber ist der Leibhaftige selber. – Der Reiter, der sich auf diesem Bock durch die Lüfte und über die Felder schwingt, ist irgendein armes Bäuerlein, ein auf die Gant gekommener Gütler oder gar ein Leerhäusler, der bestimmt einmal in einer verzweifelten Stunde den leibhaftigen Gottseibeiuns angerufen und ihm seine Seele verschrieben hat – aus Vorsatz, aus Mutwillen oder aus Verzweiflung. Durch den unverdienten Ernteertrag, der ihm ja sicher war, wollte er wieder zu Reichtum, Ansehen und Wohlstand kommen. Was die eigenen dürftigen oder verganteten Felder nicht mehr einzubringen vermochten, wurde mithilfe des Teufels von der benachbarten, wohlbestellten und reichtragenden Flur geholt.

An die dicken, festen Klauen des Bocks waren kleine »Sichen gschmiedt«; man sprach sogar noch davon, dass es einen ebenso verkommenen Schmied gegeben habe, der es verstand, solche kleine Eisensicheln zu schmieden und an dem Bock anzubringen. – Der Bock säbelte und sichelte die Ähren von den Halmen; der Bocksreiter aber saß hinten droben, »arschlings« wie man sagte, das heißt, er saß verkehrt auf dem Bock. Er brauchte nur die abgeschnittenen Ähren aufzulesen und in seinen Sack zu füllen. Da fehlten nun wirklich »ganze Stroafen in oam Feld«. – Und wer waren die Opfer? Lieh ein Bauer einem Bocksreiter im Laufe eines Jahres eine Kreuzhaue, eine Sichel, eine Gabel, einen Rechen, eine Sense oder gar einen Wetzstein, dann war es um die Ernte dieses Bauern bereits geschehen; der Bocksreiter hatte Gewalt über ihn und seine Ernte.

Unsichtbar blieben Bock und Reiter bei ihrem nächtlichen Ritt durch die weiten Felder. Man hörte nur das Rauschen der fallenden Halme, das Rascheln beim Einsammeln der geköpften Ähren. Wer aber trotzdem vermeinte, dieses schändliche Tun bemerkt zu haben, dem konnte passieren, dass ihm die Zunge gelähmt und die Ohren verstopft wurden – und nur wer sich schnell bekreuzigte und das »Gott sei bei uns« flüsterte, der blieb von diesem Übel verschont.

Jeder, der am Ostersonntag alle vier Ecken seiner Felder mit den Aschenresten vom Osterfeuer, den geweihten Palmkätzchen vom Palmsonntag, etwas Osterwasser und geweihten Eierschalen vom Karsamstag markierte, der hatte auch seine Felder gebannt, da der Goaßbockreiter nur übers Eck auf die Felder gelangen konnte, weder über »de Broat- no üba de Längsseitn«. –

»De kloan Bauan ham alle aufghört; de groaßn strahn z' vui Kunstdungat; des giftig Zeigl vo de Pflanznschutzmittel stinkt selm an Deifi z' vui; an de russinga Steckerl vom Ostafeia, an de gweichtn Palmkatzal und de Oarschaln glaabt aa koana mehr; woas kannt dao da Bocksreida no macha? – Ausbliem is er seit dera Zeit, woas des alls eigführt ham, des neimodische Zeig – und is aa net schaod um den Bocksreida und sein Bock!«

ARNZELL

Von einer schwarzen Hennen und einem Hemadlein

Obwohl das Mirakelbuch von Arnzell bereits im Jahre 1620 beginnt, erscheint erst 1624 unter den Votivgaben, die dem heiligen Veit angelobt und dargebracht wurden, zum ersten Mal eine schwarze Henne und ein weißes »Hemadlein« (Hemdchen).

In dem Mirakelbuch heißt es (Nr. 2): »Anna Teuflin [Teufl] von Gartelsried [bei Tandern] zeigt an von ihrem 5 Jahre altem Söhnlein, dass er ›vergächt‹ [die Gicht] stark gehabt hat. Als sie ihn aber zu St. Veit allhier nach Arnzell mit einer schwarzen Hennen und einem weißen Hemadlein [Hemdchen] verlobt, haben die Schmerzen gar bald nachgelassen und der Knabe hat die völlige Gesundheit erlangt, hat auch dieses Gelübde fleißig abgelegt [gewissenhaft erfüllt]!«

Und ein zweites Mirakel scheint mir für Arnzell besonders typisch (Nr. 11 aus dem Jahre 1630): »Johannes Hirschpöck und Thomas Guettner, beide von Altomünster, zeigen an, dass einem jeden sein Kind zu etlichen Malen von der Fraiß sein überfallen worden. Nachdem sie aber zu St. Veit nach Arnzell [sich] verlobt haben, ist beiden geholfen worden, daher sie Gott und dem heiligen Nothelfer S. Vito schuldigst Dank abstatten.«

Der heilige Vitus (Veit oder Vit) gehört zu den vierzehn Nothelfern, den man dann anruft, wie Paul Schallweg in seinem Buch »Huif Himmel!« »hinterkünftig« meint: »Wenn deine Nerven nix mehr taugn, / wenns dauernd zuckt um deine Augn, / wenns d' wega jedn kloana Mist / glei auf der Stell stocknarrisch bist, / wenns d' rumhupfst wia a greizter Stier, / und alles bibbern duat an dir, / wenns d' jedn zammschreist, der grad kimmt, / wenns in deim Hirn drin nimmer stimmt, / weils d' moanst, oisam waarn gega di, / nur du hättst recht und niamois sie, / und wenns d' scho nach an Ausdruck suachst, / mit dems d' de ganze Welt verfluachst ... / Sankt Veit, mit Palmzweig, hinter Glas / an d' Wand highängt, der huift fei was! / Betst jedn Tag a Gsatzl z' Haus, / na treibt er dir an Veitstanz aus.«

Ohne auf die Legende dieses sehr bekannten und sehr beliebten Heiligen einzugehen, sei nur vermerkt, dass er der »Patron der Schauspieler, Apotheker, Gastwirte und Schmiede (ist), der Nothelfer bei übertriebener Aufgeregtheit, Besessenheit (Veitstanz), Fallsucht ('s Hifallat), Tollwut und Fraisen (bayrisch: d' Froasn)«.

Er soll auch gegen das Bettnässen absolut helfen können, wie das nachstehende Versl in unserer derben Sprache meint: »Heiliger Sankt Veit, / weck mich zur rechten Zeit; / net z' früah und aa net z' spät, / wenn's hoit an 's Soachn geht.«

Und was es mit den verschiedenen Fraisen auf sich hat, ist aus dem »Fraisen-Brief« entnommen, den ich einmal geschenkt bekommen habe: »Ich tödte sie durch den heil. Namen Jesu Christi, die siebenundsiebzig Frais. / Die reißende Frais, / die rothe Frais, / die abdorrende Frais, / die zitternde Frais, / die kalte Frais, / die fallende Frais, / die brennende Frais, / die spreizende Frais, / die stille Frais, / die wüthende Frais, / die geschwollene Frais, die gestohlene Frais, (...) / Also soll man den Brief über den kranken Menschen, der die Frais hat, dreimal lesen und nennet den Menschen (...) und darnach soll man den Brief dem kranken Menschen auf die Brust legen, bis sichs ändern thut, zum Leben oder zum Sterben, und die Leute, die bei dem Menschen sind, sollen niederknien (...) und beten, auf dass Gott ihn von seiner Pein und Marter erledigt. Es sei zum Leben oder zum Sterben, o Jesu! Amen!«

Der Kneißl im Bienenhäusl

Arzbach
Der Kneißl Hiasl im Bienenhäusl

Man erzählt sich in Arzbach, dass der berüchtigte Räuber Kneißl Hiasl, als er von den Gendarmen verfolgt wurde, von dem Bauern Sonnenberger (»Beim Schuster«) in seinem Bienenhäusl eine Nacht versteckt worden ist. Diese Tat war umso erstaunlicher, weil damals diejenigen, die den Kneißl versteckt hielten, mit hohen Strafen rechnen mussten.

Arzbach
Vom Rosenkranzbeten in Arzbach

Der Mesner Georg Schuhbauer von Arzbach erzählt, dass sein Vater Josef Schuhbauer, der auch Mesner in Arzbach war, im Ersten Weltkrieg 1914/1918 täglich mit der Bevölkerung von Arzbach für die Männer des Ortes, die eingerückt waren, in der kleinen Dorfkirche einen Rosenkranz gebetet hat. Dieses tägliche Rosenkranzgebet hielt die Bevölkerung drei Jahre lang konsequent durch. Während dieser drei Jahre fiel auch kein einziger Arzbacher als Soldat.

Nach drei Jahren musste der Mesner Josef Schuhbauer den Rosenkranz immer öfter allein beten, da niemand mehr von den Arzbachern in die Kirche kam und mit ihm für die Soldaten im Felde beten wollte. So verlor auch er die Lust am Beten und sagte kurzerhand die Rosenkranzbeterei ab, weil er von der Arzbacher Bevölkerung so kläglich im Stich gelassen worden war. Von diesem Tage an fielen bis zum Kriegsende 1918 noch zwölf Arzbacher Soldaten. Das Kriegerdenkmal in Röhrmoos beweist es.

Arzbach
Die Dirn mit dem Gweichtl

Auf einem Hofe in Arzbach erschien einmal der Teufel, der sich in die Gestalt eines Geißbockes verwandelt hatte. Dieser verlangte nun von der Dirn, die gerade Mist auseinander warf, sie solle sich bis aufs Hemd ausziehen. Die aber erkannte, was der Teufel von ihr wollte und holte schnell das »Gweichtl«, das sie umhängen hatte, hervor und hielt es dem Geißbock entgegen.

»Tua des Glump ro!«, schrie dieser grimmig auf die Magd ein, »dös haot nia koan Taug net ghabt!« Da meinte die Dirn seelenruhig: »Naa, naa, da trag i nöt schwar dro!« So musste das Ungeheuer schnaubend und fauchend wieder abziehen.

Arzbach
Der Teufel und die Eisenbahn

Besonders hübsch ist es vom Teufel, dass er auch den modernen Verkehrsmitteln nicht aus dem Wege geht. So lässt er um die zwölfte Stunde an Kreuzungen Schnellzüge vorbeisausen. Wer da unerschrocken bleibt, dem schenkt er bisweilen einen Sack voll Geld. Nur wer ausreißt, den holt er sich. Glaubten doch die Alten allen Ernstes, im Kessel der Lokomotive sitze der Leibhaftige und nur die Quaste seines Schwanzes rage unten heraus. Auf diesem trete der Heizer im Takt, während der Teufel selber durch sein Pusten den Zug in Bewegung setze.

Asbach
Da feirige Hund z'Aoschbao

Da is dirm aomal a feiriga Hund z'Aoschbao gsegn worn. Des is zwischen Aoschbao und Oidminschda gwen. Dao is sell aomoi a Mo vo Arnberg aus nach Kiemertshof gfahrn. Der Mo hätt an Hüata holn solln. Wiar a wieda hoamgfahrn is und aar an Hüata dabeighaot haot, is scho finschta gwen. Da habn auf oamoi d' Ross gschicha und habn partu nimma geh wolln. Dao habns blasn und zittart und san a d' Höh ganga. Da haot da Mo fürchtn müssn, dass eahm ge d' Deichsl osprengaten. Da hoat a de Goaßl gnumma und haots einigschlagn und scho a so gfluacht, dass eahna 's Hörn und Seng voganga is. Des haot ghoifa. A feiriga Hund is 's gwen, der de Ross so staunig haot wern lassn; is der eppa grad oiwei um de Ross und uman Wagn ummi gsaust und haot scho so schierli do. De Berschta san eahm a d' Höh gstanda – und so groaß is a gwen wiar a aufgstellts Keiwe. Des is a so weida ganga mit dem feiriga Hundsteifi de zwoa Berg von Oidminschda aufi bis Aoschbao. Kurz bevor s' einikemma san auf Aoschbao, is a auf oamoi so gach voschwundn gwen, wiar a kemma gwen is.

Vo am andern Bauan vozählt ma si, dass eahm glei drei feirige Hund auf oamoi untakemma san, wiar a grad duich an groaßen Wald gfahrn is. De san eahm grad oiwei zwischn Wagn und Ross duichi und habn scho woltlan greisli toa. – Da is da Mo froh gwen, wiar a aus dem Wald wieda aussi kemma is, weil d' Hund a furt gwen san.

Bayerzell
Der Teufel kam am Kirchweihmontag

Bayerzell wurde einstmals als kleiner Zellort von Altomünster aus besiedelt. Es liegt bei Pfaffenhofen an der Glonn. Dort lebte ein Bauer recht zufrieden und still mit seiner Familie, seinem Gesinde und dem Vieh. In der Stubn stand ein Kachelofen, der in der kalten Jahreszeit wohlige Wärme ausstrahlte. Hier war auch der Lieblingsplatz der Hauskatze. Sie lag hinter dem Kachelofen an einer Stelle, die man auch heute noch »die Höll« nennt. Nur zum Fressen kam sie hervor; hatte sie sich den Ranzen vollgeschlagen, dann schlich sie schnurstracks zu ihrer Höll zurück. Das war gewiss nichts Besonderes, denn fast alle Katzen haben irgendwo ihren Schlupfwinkel im Hause. Nun soll aber gerade in diese Katze an einem Kirchweihmontag der Teufel geschlüpft sein. Nun, Genaues hat niemand gesehen oder gehört. Aber von Stund an hat der Bauer nur noch die Katze im Sinn gehabt. Gerade so, als habe sie ihn verhext. Das konnte nur der Teufel gewesen sein, denn so narrisch, wie der Bauer mit der Katze umging, musste hier der Satan die Hand im Spiel gehabt haben. Fortan vernachlässigte er Haus und Hof um dieser Katze willen, bis das Gesinde zu munkeln anfing und »zweng dem Reigiern der Katz« den Hof verließ, einer nach dem anderen. Der Frau gelang es nicht, ihren Mann von diesem Bann zu lösen. Als das so ins Gerede kam und der Bauer nicht einmal mehr in die Kirche gehen wollte, da hielt es auch die Bäuerin nicht mehr länger im Hause aus. Wie gebannt hockte der Alte tagein, tagaus bei seinem teuflischen Viech. Zu jeder Tageszeit kamen die Nachbarn, schauten durch Ritzen und Fugen und in jede Luke, um das Funkeln der Katzenaugen zu sehen oder das Schnurren der Satanskatze zu hören, wenn der besessene Alte um sie herumrumorte. Jeder glaubte das teuflische Wesen zu erkennen, und alle wussten es noch besser und noch gräulicher zu berichten. Bis eines Tages zweimal bei dem Bauern auf unheimliche und nie geklärte Weise eingebrochen wurde und Geld wie Wertsachen verschwanden. Einmal waren achtzig Mark mitgenommen worden, plötzlich fehlten zwei Taschenuhren und als nun gar fünfhundert Mark auf einmal weg waren, löste sich der Bann, und Bauer wie Katze waren von ihrer teuflischen Besessenheit befreit. Das Leben nahm wieder seinen normalen Lauf. Aber noch lange danach erzählte man sich von dem Spuk mit der Katze.

BERGKIRCHEN
Die feurigen Soldaten im Bergkirchener Wald

Zwischen Bergkirchen und Günding liegt ein Wald. Es wird berichtet, dass dort Schreckliches auf den Wanderer wartet. Feurige Soldaten sollen es sein, die hin und wieder aus dem Gehölz hervorbrechen. Ganz fürchterlich schauen sie aus, dennoch, so sagen Kundige, dürfe sich der Überfallene nicht davonmachen. Er müsse stehen bleiben und sich völlig furchtlos zeigen. Wer aber Reißaus nimmt, muss mit schlimmen Folgen rechnen. Zuerst wird er mit dem Hirschfänger traktiert und das von allen Seiten, dann werden dem so schlimm Zugerichteten die grausigen Hunde nachgehetzt, die dem Armen dann die Hose zerfetzen. Damit ist aber noch keine Ende mit all den Gräueltaten. So oft der Unglückliche sich vom Boden erhebt, fängt die ganze Tortur von Neuem an.

Darum ergeht für alle Zeiten der weise Rat an alle Leut, wenn sie schon durch diesen Wald müssen, keine Furcht zu haben, sondern frech und keck den Unholden ein unschuldiges Gesicht zu zeigen.

BERGKIRCHEN
Wie der Pfarrer von Bergkirchen die Wetter abgehalten hat

Der Wettersegen wurde bei uns von alters her nach dem täglichen Gottesdienst mit einem Kreuzpartikel gegeben, angefangen vom Fest Kreuzauffindung (3. Mai) bis zum Fest Kreuzerhöhung (14. September). Zusätzlich aber wurde dieser Wettersegen erteilt beim Herannahen eines schweren Gewitters, verbunden mit dem Anfang des Johannesevangeliums und Gebeten gegen Blitz und Ungewitter.

Nicht ganz so war es in Bergkirchen während der Zeit des Pfarrers

»Johann Christoph Daniel Baron von Froschheim, Freiherr und Majoratsherr auf Fuchsmühl (in der Rheinpfalz)«, mit welcher Titulierung er sich selber zu gern versah. Er war Pfarrer in Bergkirchen von 1738 bis 1779 und ist auch in Bergkirchen gestorben und hier begraben worden – allerdings kennt man seine Grabstätte nicht mehr.

Die »groben Wetter«, die vom Ammersee herüberkommen, die Amper entlang bis nach Freising weiterziehen, sind besonders heftig. Man fürchtet sie auch heute noch, denn nicht selten bringen sie Hagelschauer und vernichten die Ernte.

Nur einer wusste sich zu helfen beim Heranrücken eines solchen Unwetters, nämlich der H. H. Pfarrer Johann Christoph von Froschheim. Er konnte, neben vielem anderen, auch »das Wetter machen«. Er war »ein wettergerechter Herr«, wie es bei Schmeller heißt. Er verstand sich auf die Kunst, die Gewitter zu vertreiben, sie zu bannen und unschädlich zu machen. – Das übliche Wetterläuten, das Anzünden von schwarzen Wetterkerzen und das Anrufen des heiligen Donatus, der bis heute auf dem linken Seitenaltar in der Pfarrkirche steht und eigentlich für Blitz und Donner zuständig ist, war ihm zu wenig.

Da stand er nun beim Herannahen eines Unwetters im Friedhof zu Bergkirchen, sah gegen Westen hin über das weite Dachauer Moos in Richtung des Ammersees, woher die »graabn Wolkn aufzogn san«. Er holte sein altes vergilbtes Rituale heraus, breitete weit die Arme, geriet in Ekstase. Man musste ihm links und rechts unter die Arme greifen, »weil er wie geistig abwesend war und geisterbeschwörend seine Segnungen abhielt«. Ob er den bis heute üblichen Wettersegen gesprochen hat, ist nicht überliefert; er dürfte wohl einige Formeln benutzt haben, die heute in Vergessenheit geraten sind.

Diese seine besonderen Kenntnisse und Fähigkeiten gegenüber dem Wetter sprachen sich herum. Aus allen Gegenden strömten die Leute herbei; sie kamen aus Tirol, sie kamen vom Oberland, aus dem Schwäbischen und sogar aus seiner Heimat, der Rheinpfalz. Bergkirchen muss damals einen recht guten Ruf gehabt haben, weil es dort diesen »Wettermacher« gab.

Als im Jahre 1764 dem ehrwürdigen Pfarrherrn die Suspension durch den Freisinger Fürstbischof Clemens Wenzeslaus wegen verschiedener anderer unliebsamer Vorgänge drohte, da bestürmten die Bauern den Bischof, ihren Pfarrer wieder heimführen zu dürfen. Er hätte sich nach Freising begeben sollen, um sich dort zu verantworten, kam dieser Aufforderung jedoch nicht nach, sondern hielt sich in

München versteckt. Die Bauern schrieben an den Bischof: »Er ist ein exemplarisch außerordentlicher Seelsorger!« Ob allerdings der Freisinger Bischof von diesem Lob sich hat beeindrucken lassen, bleibt durchaus ungewiss.

Der Baron aber, ihr alter, verdienter und wettermachender Seelsorger, kam wieder nach Bergkirchen zurück, segnete weiter seine Gewitter wie eh und je und hatte weiterhin Erfolg.

Heute ist das Gedächtnis an diesen eigenwilligen Pfarrherrn gänzlich verschwunden; jeder seiner Vorgänger hat sich einen Jahrtag bei der Pfarrkirche gestiftet; jeder hat sich einen Grabstein verdient. Nur Baron von Froschheim machte eine Ausnahme in der langen Reihe der Pfarrherren; nicht einmal sein Grab ist bekannt. – Mag halt doch der Freisinger Fürstbischof dahinter gesteckt sein, dass das Wirken und Beschwören dieses Pfarrherrn aus dem Gedächtnis der Gläubigen verschwand.

Es bleibt nur das alte Fürbittgebet: »A fulgure et tempestate libera nos, Domine!« (Von Blitz und Ungewitter befreie uns, o Herr!)

BERNSTORF
Die Heiligen rumpelten auf dem Troadbodn

Etwas abseits der Straße von Kranzberg über Berg nach Eberspoint liegt der große Vierseithof »beim Bernstorfer zu Bernstorf«. Hier ist eine kleine Hofkapelle zu Unserer Lieben Frau, die diesen Hof gleichsam nach außen hin abschließt. Die dürfte nach 1634 von den Eheleuten Jakob und Barbara Speckmeier, die den Hof damals »als Brandstatt« gekauft hatten, errichtet worden sein. Das kleine Zwiebeltürmchen legt nahe, die Kapelle auf diese Zeit zu datieren. Neben der Statue der Gottesmutter enthielt sie früher den heiligen Jakobus d. Ä. und die heilige Barbara, die eindeutig auf die Stifterfamilie hindeuten. – Heute sind in der Kapelle noch der heilige Johannes der Täufer und der heilige Sebastian; früher befand sich auch der heilige Rochus dort, der auf die Pest von 1634 hindeutet; man kann annehmen, dass die letzten Hofbesitzer entweder durch die Schweden 1632 oder durch die Pest ums Leben gekommen sind.

Vor der Säkularisation im Jahre 1802 gehörte die Kapelle zur Filialkirche von Kühnhausen und damit zur Klosterpfarrei Sünzhausen, die dem Kollegiatstift St. Veit in Freising inkorporiert (angegliedert) war. – Am 27. November 1802 traf der kurbayerische Kommissar, Johann Adam Freiherr von Aretin, zur Zivilbesitzergreifung in Freising ein; damit hatte die weltliche Macht des Fürstbistums Freising ein Ende genommen und die Säkularisierung Freisings begonnen.

Es kam durch diesen Regierungskommissär bald der Befehl zum Abbruch aller »unnützen Kapellen« auf dem Lande. – So wurde in der Nähe von Bernstorf die St.-Pantaleons-Kapelle auf dem Burgberg von Kranzberg sofort zerstört.

Die damalige Hofbesitzersfamilie, Johann Baptist Braun und seine Ehefrau Ursula, wusste sich aber einen Rat, um ihre Hofkapelle als solche zu erhalten. Man räumte die Kapelle einfach aus, machte sie zu einer Holzlege und versteckte die Heiligenfiguren auf dem »Troadbodn«; die Kapelle konnte bestehen bleiben, die Heiligen aber waren dem Zugriff der »Heiligeneinsammler« entzogen.

Auf dem »Troadbodn«, der unter dem Dach des alten Wohnhauses untergebracht war, versteckte man diese Heiligenfiguren nun so gründlich, dass sie in Vergessenheit gerieten, wie so vieles, was man damals verräumt hatte.

In den Jahren, als König Ludwig I. von Bayern (1825–1848) die Schäden der Säkularisation wieder gutzumachen begann, war auch die Gefahr für die Zerstörung der Hofkapelle in Bernstorf vorüber; sie war ja eine Holzlege geworden.

Die Heiligen aber blieben in ihrem Versteck auf dem Troadbodn oben; ja, man hatte sie sauber vergessen. Es waren noch übriggeblieben die Muttergottesstatue, der heilige Jakob, der Johannes der Täufer und der heilige Sebastian. Die heilige Barbara und der heilige Rochus waren bereits abhanden gekommen. – Weil nun diese Heiligenfiguren ihren ursprünglichen Standplatz wirklich nicht da oben gehabt hatten, weil sie wieder an ihren angestammten Platz in die Kapelle zurückwollten, weil auch keine Gefahr mehr bestand, dass man sie nach München in ein Museum bringen könnte, so fingen sie an sich zu rühren. Zuerst einmal ganz leise und vorsichtig, wie es sich für einen bescheidenen Heiligen gehört. Als man aber das leichte Kratzen, das leise Scharren und das Hin- und Hertrippeln unten in der großen Wohnstube und in der weiträumigen Küche einfach nicht wahrnahm, fingen die da oben lauter und stärker und auch öfter zu rumoren an, bis sie sich sogar zu einem unüberhörbaren Poltern entschlossen.

Man musste nun doch, wohl oder übel, oben einmal nachschauen, was sich denn da immer so eindringlich vernehmbar machte. Man stieg beherzt hinauf – und man fand die »heiligen Unruhestifter« tief im Troadbodn versteckt. Man holte all die noch vorhandenen Figuren herunter, säuberte sie gründlich von dem jahrzehntealten Schmutz, ließ sie restaurieren und stellte sie wieder an den Ort, an dem sie eigentlich beheimatet waren und ihre Aufgabe zu erfüllen hatten, nämlich die Kapelle zu zieren, den Hof, die Familie und die Ehehalten zu schützen und der frommen Andacht zu dienen, wie eh und je.

BUXBERG
Das feurige Bierfass mit dem rotglühenden Hund

Bei uns ist es so, dass mancher glaubt, nur dann ein richtiges Mannsbild zu sein, wenn er nur genügend Sprüch beisammen hat.

So war es auch in Buxberg bei Randelsried. Dort gab es einen Bauern, der allgemein bekannt dafür war, starke Sprüche aufzutischen. Alle, die ihn hörten, mussten glauben, er fürchte weder Tod noch Teufel. An einem Sonntagabend wankte er reichlich spät und stark angeheitert nach Hause. Sein Kopf war noch so voll von seinen Maulheldentaten, dass er seiner finsteren Umgebung keine Aufmerksamkeit schenkte. Plötzlich hörte er hinter sich ein starkes Gepolter. Dieser Lärm brachte mit einem Schlag Ordnung in sein Hirn und das kalte Grauen folgte nach. Als er sich vorsichtig umsah, rollte hinter ihm ein feuriges Bierfass mit einem riesigen, rotglühenden Hund. Das war selbst einem gestandenen Sprüchemacher zu viel. Da verließ den Bauern sein Vorwitz und vor Entsetzen lief er, so schnell ihn seine schweren Füße tragen konnten, heimwärts. Aber je schneller er lief, desto ungestümer rollte das Fass mit dem riesigen Hund hinter ihm her. Der Arme rannte und rannte, als ginge es um sein Leben. Mit letzter Kraft erreichte er sein Haus und schlug die Tür hinter sich zu. Er zitterte noch am ganzen Leib. Der Schweiß lief ihm in Bächen vom Körper herunter und vorerst war nur wirres Zeug aus ihm herauszubringen. Der Bauer war völlig außer sich und kaum wiederzuerkennen. Jeder merkte, dass hier ein zu Tode erschrockener und gezeichneter Mann vor ihm saß. Der herbeigerufene Bader war ganz ratlos. Für diese Krankheit kannte er keine Medizin.

Nicht lange danach wurde der Bauer zu Grabe getragen.»'s Nervenfieba haot eahm eppa so okenna, ham d' Leit gmoant.«

DACHAU
Wie der Kreuzpartikel von Dachau nach Scheyern kam

Es mag ganz in Vergessenheit geraten sein – oder man mag sich in Scheyern nicht mehr so recht daran erinnern, dass das hochberühmte Scheyerer Kreuz einst in Dachau gewesen ist. Es lässt sich in Dachau zwischen circa 1155 und 1183 nachweisen. Auf welch merkwürdige Weise es nach Scheyern kam, davon erzählt diese Sage.

Es war um das Jahr 1183. Ein feierlicher Zug bewegte sich aus Dachau heraus auf Scheyern zu. Voran trug man ein uraltes Vortragskreuz, das von Leuchterträgern begleitet war. Dahinter folgte ein reich geschmückter, von einem festlichen Vierergespann gezogener Brückenwagen mit so großen Rädern, dass diese geradeso über die vielen Schlaglöcher hinwegrumpelten, als wären sie gar nicht vorhanden. Die großen Straßen vermied man an diesem Tage und bewegte sich lieber auf den kleinen Feldwegen, die nur den Einheimischen bekannt waren.

Dieser von vielen Reisigen aus den Dachauer Ministerialengeschlechtern begleitete und geschützte Zug verbarg einen sehr kostbaren Schatz, nämlich den großen Kreuzpartikel, der nahezu ein Vierteljahrhundert in Dachau so wohl verwahrt gewesen war, dass nur ein paar Eingeweihte davon wussten. Bei dem Verkauf der Grafschaft Dachau durch die Gräfin Udilhild, die Witwe des Grafen Konrad III. von Dachau, im Jahre 1182 an Herzog Otto I. von Wittelsbach wollte man auch den Kreuzpartikel dem Stammkloster der Schyren übereignen.

Man hatte Angst um diesen Kreuzpartikel. Er war ja schon nach Dachau auf nicht ganz rechtmäßige Art und Weise gekommen; er hätte nun bei der feierlichen Überführung aus dem Gewahrsam der Dachauer Burg in die Geborgenheit des Benediktinerklosters Scheyern unterwegs wiederum abhanden kommen können.

Da verfiel man auf eine recht merkwürdige List. Hinter dem kostbaren, im Zuge mitgeführten Reliquienschrein hinkte ächzend und stöhnend ein ärmlich gekleideter Pilger her. Nur an einem Fuß hatte er noch seinen Stiefel an; den anderen trug er in der Hand. Man musste förmlich Mitleid mit ihm haben; man konnte nichts anderes denken, als dass er sich auf seiner weiten Pilgerreise die Füße wundgelaufen habe. So humpelte er hinter dem geschmückten Brückenwagen hinterdrein.

Wer wäre da schon auf den Gedanken gekommen, dass gerade in diesem von dem Pilgersmann in der Hand getragenen Stiefel der echte Kreuzpartikel verborgen läge, während auf dem herrlich aufgeputzten Wagen mit dem kostbaren Reliquienschrein nur eine wertlose und billige Nachbildung zur Schau gestellt war. – Ob sich der ärmlich gekleidete Pilger zwischen Dachau und Scheyern wirklich den Fuß wundgelaufen hat, erzählt die Sage nicht.

Nur so viel ist heute gewiss, dass der Kreuzpartikel von Scheyern einmal auf unrechtmäßige Weise nach Dachau gekommen war, dass er von Dachau nach Scheyern übertragen wurde und dort noch heute wohl verwahrt und hoch verehrt wird als Scheyerer Kreuz und weit über die engen Grenzen unserer Heimat hinaus bekannt ist.

Dachau
Die abgehauene Hand

»Als in dem Jahr 1127 der jüngere Sohn der verwittibten Gräfin zu Dachau, Beatrix, sich in dem nechst anligtenten grossen Wald, so sich in der Länge und Breite auf mehrere Stunden weit erstreckte, mit der Jagd belustigte, ist selber von niemand als seinem Hund begleittet von denen Mördern überfallen, und nach abgehaut rechten Hand grausam umgebracht worden in der Gegend, wo dermahlen das Churfürstliche Lustschloss Schleißheimb stehet.

Diese Mordthat hatte sogleich sein getreuer Hund entdecket, welcher die abgehaute Hand seines Herrn in dem Maul tragend gerad dem Schloss Dachau zugeloffen, und selbe zu den Füssen der Gräfin gelegt, welche sogleich aus dem noch an dem Finger befindlichen Ring mit grössten Herzenleid erkannt, dass es die Hand ihres innniglich geliebten Sohn seye, und dahereo dessen Leichnam alsogleich hat aufsuchen lassen, der auch gar bald gefunden worden, indeme die selben eben dieser Hund den Weeg gewisen.

An dem Ort, wo selber ermordet worden, hat die fromme Gräfin noch selbes Jahr ein Kirchl zu Ehren der Allerseeligisten Jungfrau Mariae, des Heiligen Apostel Jacobi und Joannis des Tauffers als sonderbahren Patronen ihres ermordeten Sohnes erbauen lassen, so sie

Die abgehauene Hand

wegen ihre Mütterlichen Schmerzes ›Wehe-Kirchen‹ genannt, welches Kirchl selbe hernach 1128 samt dem ganzen Wald mit Gutheissen ihres älteren Sohnes dem jüngsthin erbauten Kloster Ünderstorff für ein Seel-Geräth geschenkt hat.« (Zitat aus der Chronik des Klosters Indersdorf von dem vorletzten Propst Gelasius Morhard aus dem Jahre 1762. Kurze historische Nachricht von dem Ursprung des Kirchls auf der sogenannten Rot-Schwaig bey Dachau.)

Dachau
Die Burg auf dem Giglberg

Vom Spätherbst bis zum Vorfrühling, wenn unsere Laubwälder durchsichtig und licht sind, sieht man vom Altstadtring aus zwischen der Amperbrücke und der Einmündung in die Staatsstraße nach Feldgeding auf der linken Seite einen merkwürdigen Hügel, einem Gugelhupf gleich – deshalb auch wohl der Name Giglberg –, aus der Amperniederung emporwachsen. Dieser Giglberg ist der älteste Burgberg von Dachau, auf dem 1910/11 die Architekten Delisle & Ingwersen für den Dachauer Kunstmaler Professor Max Feldbauer die heute noch bestehende Villa gebaut haben.

Früher nannte man solche Bergkuppen wegen ihrer Ähnlichkeit mit einem Guglhupf häufig gerne »Giglberg«. Der »Gigl« könnte aber auch abgeleitet werden vom – zu den Vierzehn Nothelfern zählenden – heiligen Ägidius, dem bayerischen »Gidi«, dem französischen »Saint Gilles«, der als Beschützer des Viehs gilt; es könnte sein, dass die Burgkapelle ehedem diesem Nothelfer »St. Ägidius« geweiht war.

Dieser Giglberg hatte eine viel größere Ausdehnung als jetzt; beim Bau der Feldbauer-Villa wurde der Berg um etwa zwei Drittel verkleinert; man füllte mit dem Abraum die Amperweiher auf, um ertragreichere Wiesen zu bekommen.

Die Sage vom Giglberg erzählt nun, dass an der Stelle, wo jetzt die Villa steht, ursprünglich eine Mulde war, von der man meinte, dass sich hier einst die älteste Dachauer Burg befunden habe. Sie war eine Wasserburg, umflossen von einer Ableitung der Amper; die Burggräben sind heute noch erkennbar; man kann die Feldbauer-Villa nur erreichen über eine schwankende Brücke, dort, wo einmal die Zugbrücke gewesen sein könnte.

Weiter heißt es, dass einst ein böser, hartherziger Ritter hier auf dieser Burg ein gottloses, unbarmherziges und ausschweifendes Leben geführt habe. Die zins- und scharwerkspflichtigen Bauern sollen fürchterlich unterdrückt worden sein, sodass für sie selber nichts mehr blieb. Sie mussten für den hartherzigen Ritter arbeiten, durften für sich selber nur das Notwendigste behalten; alles Übrige aber mussten sie abliefern. Der Ritter selber lebte in Saus und Braus auf seiner Burg und konnte gar nicht genug für sich und seine Saufkumpane ausgeben.

Die Strafe folgte auf dem Fuße. – Nach einem schwülen Hochsommertag brach in der Nacht ein so fürchterliches Gewitter herein, wie man es seit Menschengedenken im Ampertal nicht mehr erlebt hatte. Auf dem Burgberg oben achtete man nicht auf das Toben der Elemente, da man sich unter den festen Dächern und den dicken Mauern ganz sicher und geschützt fühlte. Man hörte wohl das Donnern und sah das Blitzen ringsum, aber im Gekreische und ausgelassenen Gekichere der sich austobenden Burgfräuleins und im gotteslästerlichen Fluchen der Reisigen, die sich dem Suff ergaben, ging alles unter; man übertönte und überlärmte das Unwetter.

Da durchzuckte ein fürchterlicher Blitz das tiefhängende Gewölk, ein grässlicher Donner schloss sich an; die Erde tat sich plötzlich auf – und verschlang alles, die Burg, die Ritter und die Frauen. Nur eine kleine Vertiefung auf dem Gipfel des Giglberges soll noch an das fürchterliche Ereignis erinnert haben, ehe die Feldbauer-Villa auch diese Vertiefung in sich aufnahm.

Dachau
Die feurigen Hunde vom Giglberg

Kein Haustier ist uns seit Menschengedenken so verbunden wie der Hund. Ob er als ein strenger Wachhund an der Kette liegt, als getreuer Diensthund uns zur Seite geht, als eifrig suchender Jagdhund uns begleitet oder als wedelndes Schoßhündchen uns die Zeit zu vertreiben sucht, immer ist er uns Freund, Helfer und Gefährte.

In der Sage kommt er nicht nur als der gute und der dem Menschen verbundene Freund vor, sondern auch als der böse Feind, der dem Wolf ähnlicher ist und nicht selten eine Ausgeburt des Teufels nachahmt, der sich eines Hundes bedient, wandern muss und keinen Frieden findet.

In der Nähe des Giglberges, der zwischen Dachau und Mitterndorf liegt, sollen sich öfter nachts böse Hunde herumtreiben. Wer es wagt, diesen geheimnisumwitterten Berg zur Dämmerzeit zu besteigen, dem kommen feurige Hunde entgegengestürmt, deren Fell sich sträubt und denen das Feuer aus den Augen leuchtet wie ein funkensprühender Stern. Der einsame Wanderer kann unmöglich weitergehen. Diese herumirrenden Hunde versperren ihm den Weg durch ihr Gekläffe, das schaurig und bösartig klingt.

Nur von ferne hört man dann noch die Dorfhunde von Mitterndorf kläffen, deren nächtliches Heulkonzert nicht mehr zu unterscheiden ist von einem merkwürdigen Gejammer, das von den feurigen Hunden noch herrühren könnte. Der Eindruck des Gespenstischen um diesen Hügel bleibt.

DACHAU
Der Schimmel vom Giglberg

Amperaufwärts und -abwärts kennt man den ungestümen Schimmel. Er ist ein mächtiges Ross und so wild, dass er kaum zu bändigen ist. Dort aber, wo er auftaucht, ist es nicht recht geheuer, geht etwas nicht mit rechten Dingen zu.

So ein wilder Schimmel zeigt sich des Öfteren zwischen Dachau und Mitterndorf. Er stürmt vom Giglberg zur Amper hinunter.

Mit seinen schweren, übergroßen Hufen wirbelt er den Staub auf, stampft die Erde und macht so gewaltige Sprünge, dass einem das Hören und das Sehen vergeht. Schwarzer Rauch und stinkender Qualm kommt aus seinen Nüstern.

Erst in den Wiesen und Weiden der Amperniederung beruhigt er sich langsam, gesellt sich zu den übrigen Pferden, die auf den Koppeln sind, und unterscheidet sich dann nicht von den übrigen Rössern.

Erst gegen Sonnenuntergang, wenn die dichten Nebelschwaden aus dem Moos und den weitverzweigten Altwasserarmen der Amper aufsteigen, wird er wieder unruhig. Langsam sondert er sich von den übrigen Pferden ab, beginnt wieder wild um sich zu schlagen und sich aufzubäumen, galoppiert schließlich davon und verschwindet auf dem Giglberg so rasch, wie er morgens gekommen ist, einen feurigen Schweif hinter sich herziehend, Feuer und Schwefel aus seinen Nüstern blasend.

Dann ist der Spuk wieder zu Ende. Ob er wohl ein Überbleibsel ist von dem verschwundenen und verwunschenen Schloss, das einst auf dem Giglberg gestanden sein soll, oder ob er das Reitpferd des Dachauer Grafen Arnold II. ist, der so böse gehaust haben soll, dass seine Burg bei einem Gewittersturm versunken ist, der selber keine Ruhe finden kann nach all den Jahrhunderten, das weiß man nicht.

Nicht jeder kann den Schimmel vom Giglberg sehen, und auch nicht zu jeder Jahreszeit bricht er aus und jagt durch die Gegend. »Es muaß grad so passn«, sagen die Leute.

Dachau
Von Friedhofschändern
Der Totengräber wurde erwürgt

Immer schon waren unsere Friedhöfe die Stätten, die eingefriedet waren, um unseren lieben Toten die Ruhe zu gönnen, um sie ausruhen zu lassen von den Beschwernissen der irdischen Wanderschaft. Umso verwerflicher war es zu allen Zeiten, wenn gottlose und ruchlose Frevler diesen heiligen Frieden zu stören versucht haben.

Da gab es einmal zu Dachau einen betrügerischen Totengräber, der die irdischen Reste eines Reichen wieder ausgescharrt haben soll, um den Leichnam zu berauben. Da spreizte der Tote noch einmal seine Finger, umklammerte den Hals des Verruchten und zog sie langsam wieder so fest zusammen, dass der räuberische Totengräber keine Luft mehr bekam – und erstickte. Am nächsten Tag fand man ihn tot neben dem aufgewühlten Grab liegen.

Das Grabkreuz hat ihn gebannt

Der christliche Brauch der Errichtung von Kreuzen auf den Gräbern ist uralt, er wird heute noch besonders gepflegt durch das Einstecken des Sterbekreuzes bei der Einsegnung. Hier und da findet man noch die schmiedeeisernen Grabkreuze, wie man sie auf unseren alten Friedhöfen kennt, geschaffen von verständigen, kunstsinnigen Schlossern.

Auch in dem Dachauer Stadtfriedhof, der um 1570 angelegt worden ist, standen ehedem viel mehr eiserne Grabkreuze, ja diese hatten den Vorrang vor den Grabsteinen, die heute vorgeschrieben sind.

Der Schimmel vom Giglberg

Da schlich ein Schulbub immer wieder durch den Friedhof – besonders hatten es ihm die Grabkreuze angetan, die vom Nachgeben der Erde etwas schief standen – und er half ein wenig nach und drückte sie zu Boden. Als er diesen Unfug aber zur Leidenschaft werden ließ, traf ihn der Bannstrahl der Toten, die sich in ihrer Grabesruhe verletzt gefühlt hatten. Gerade als er wieder ein Grabkreuz umdrücken wollte, wurde er gebannt. Seine Hände umkrampften noch das Grabkreuz, sein Körper war noch im Tode verkrümmt und die Augen waren vor Schrecken herausgequollen. So fand man ihn am nächsten Tag – bereits erstarrt.

Der zerfetzte Schurz

In früherer Zeit gab es die Seelnonnen oder schwarzen Schwestern, die die Toten gewaschen, angezogen und eingesargt haben. Man hat sie wegen ihres Tuns und wegen ihrer schwarzen Kleidung immer ein bisschen gefürchtet und ist ihnen aus dem Wege gegangen. Ja, man meinte, wenn man ihnen begegnete, das »hätt a schlechts Zoacha sei kenna«. Dass man sich über die Seelnonnen oder die »schwarzen Schwestern« auch hin und wieder eine schaurige Geschichte erzählte, lag in der Natur der Sache.

Da begegnete nachts eine Frau in der Friedhofsnähe diesen Seelnonnen, die weiß Gott wo hergekommen waren. Ein Ausweichen war in dem engen Friedhofsgassl nicht mehr möglich. Da meinte die Frau zu den Seelnonnen: »Wo treibt's Ihr Euch denn so spät in der Nacht noch herum?« Das hätte sie lieber nicht sagen sollen. Mit einem Ruck rissen die Seelnonnen der Frau das Schürzl vom Leibe, schwenkten es im Winde, dass die Bänder unheimlich wie Leichenfahnen flatterten und zerrissen es unter lautem Gelächter in kleinste Stücke.

Diese Fetzen fand man am nächsten Morgen über den ganzen Friedhof verstreut liegen.

Eine Watschn von unsichtbarer Hand

Unter der besonderen Obhut finsterer Mächte steht die Gottesackerkapelle des alten Stadtfriedhofs. Während der Geisterstunde wird sie sorgfältig bewacht und behütet von zwei flammenden Hunden. Auch Irrlichter sollen zu dieser nächtlichen Zeit um sie herum gesehen worden sein.

Da kamen einst in der Nacht zwei angetrunkene Gesellen des Weges, die auch noch recht prahlten, dass ihnen weder die feurigen Hunde noch die Irrlichter etwas anhaben könnten. Da war es schon passiert. Jeder von ihnen hatte eine solche Watschn von unsichtbarer Hand bekommen, dass ihnen Hören und Sehen verging und beide zu Boden stürzten. Erst nach geraumer Zeit konnten sie sich wieder erheben und haben fortan diesen Platz zu mitternächtlicher Stunde gemieden.

Dachau
Nach seinem Tod umbgangen …

Wer in Altbayern geboren oder hier aufgewachsen ist, der weiß mit diesem Wort »umgeh« sofort etwas anzufangen. »Es geht um« übersetzt das deutsche Wörterbuch mit »Es spukt«.

Das sagt aber noch gar nichts aus über die Örtlichkeiten und die Personen, denen so etwas widerfährt. Eine solche Geschichte aufgeschrieben hat Dr. August Kübler in seinem Buch »Dachau in verflossenen Jahrhunderten«, dort berichtet er von dem Zimmermann Rueprecht Doll, »der auch nach seinem Todt umbgangen.«

»1677 war der Zimmermann Rueprecht Doll gestorben und auf dem Gottesacker begraben worden. Ein Vetter seiner Witwe Ursula hat um den 18. August 1677 sein ›Häusl‹ um 12 Gulden erkauft. Es war dies der Zollknecht Christof Schäblmayr. In dessen Haus sei nun, wie dieser sagt und wie ›jeder meiniglich wüfflich und bekhandt‹ (wie dies einem jeden schauerlich bekannt) war, der genannte R. Doll ›nach seinem Todt umbgangen‹. Damals nun habe sich ein Weib, Rosina genannt, von Aresing [Landkreis Schrobenhausen] allhie befunden, welches des Geörgen Jel, Bürgers und Zimmermanns Eheweib sellig ›erlest‹ habe. Durch diese Rosina habe er ›bemelt verstorbnen Dolln seel. in beysein Ehrlicher Leith beschwören lassen, welcher auch erlest und ein Kindt der Seeligkeit worden ist‹. Er habe dabei 17 Gulden und 30 Kreuzer ›Unkosten‹ gehabt.

Der Rat der Stadt Dachau hat diese Geistergeschichte nie bezweifelt. Welches Gebäude das Spukhaus war, ließe sich vielleicht noch nachweisen; es war wohl eines der Häuser unten am Karlsberg gegen Westen zu.«

Dachau
Mit'm Schlüsslbund gengan Beichtstui

A grobs Wedda is am Himmi gstanna – und da Grahama Schorsch, der selbigsmaoi no Mesna gwen ist vo St. Jakob z' Dachau, is hintre ganga zum Zuaschpirrn vo da Pfarrkira, weil's so zogn haot. – Dao haot da Wind den violetten Vorhang vom Beichtstui a weng oblasn, dass er si grührt haot.

»Dao haot si itzt oana drin vosteckt«, hoat si da Schorsch denkt. »Dem huif i itzt scho, dass der gern wieda außakimmt vo dem Beichtstui.«

Er packt sein schwarn Kiraschlüsslbund und schmeißt 'n scho mit a solchan Gwalt eini in den Beichtstui, dass des violette Vorhangerl, des am Beichtstui draußen ghängt is, z'rissn is – war aa scho an alta Fetzn, vablicha und vostunga vom Schnupftabak vo ganze Generationa vo Pfarra, de oiwei dao dringsessn san; schaod is um den Fetzn net gwen – und da Schlüsslbund is einigrumpelt in Beichtstui wia nix.

In demseln Augnblick haots aa scho blitzt und kracht, dass da Mesna selba dakemma is.

»Den haots itzt sauba dawischt, den Hallodri, den Kiradiab; der haot itzt sei Fett!«, haot er si volla Freid denkt; »warum muaß si aa der in 'n Beichtstui einihocka, wo er da drin gar nix valorn haot.«

Wiara aba genau hischaugt, is nix gwen als wiara z'rissna violetta Fetzn vo am Beichtstuivorhangerl – und sei schwara Schlüsslbund is am Bodn vom Beichtstui glegn.

»Ganz recht gschiacht eahm, dem altn Beichtstuifetzn; hätt a net a so rumgwadelt, oaft war da nix passiert; zweng dem bissl Wind hätt's net glei so doa braucha!«

Dachau
Vom Huissi-Voddan

Im Hexengassl, dem ehemaligen alten Schlossgraben von Dachau, wohnte eine Hexe. Ein alter Spezi von ihr war der Huissi-Vodda, ein derber Mann mit einer Goaßl. Ob er mit der Hexe auch gelegentlich einen Besenritt aus dem Schornstein hinaus gemacht hat, weiß man nicht mehr genau.

Der Huissi-Vodda hat wohl früher die Schweine ausgetrieben in das Busch- und Auland, amperauf- und amperabwärts. »Huiß, huiß!« war in den umliegenden Dörfern der wirksame Ruf, wenn man ein schnüffelndes Borstentier trieb, und ein paar Goaßlschnoiza gehörten dazu. »Huiß, huiß!«, tönte es durch Udlding, Mitterndorf und Etzenhausen, wenn der alte Hüter in sein Hörnchen blies und dann schloss sich im Schweinsgalopp der ganze Sauhaufen an zu dem sumpfigen Gelände zwischen Amper und Moasa (Maisach).

Weil der Huissi-Vodda sein Hüterhörndl an den Nagel hat hängen müssen – im aufstrebenden Markt Dachau verschwanden langsam, einer nach dem anderen, die Bauern –, musste er wen anderen treiben: die lustigen Dachauer Kinder!

Wollte die kleine Resi dem als Kindsmagd beauftragten Bruder nicht willig nach Hause folgen, scheuchte sie der Ruf »Der Huissi-Vodda kimmt!« schnell heim, denn der war weit gefährlicher als der »Betleiter« (Gebetläuter).

Der Huissi-Vodda ging auch in die Spiele der Kinder ein, wenngleich man hier von Angst oder Ehrfurcht nicht mehr viel gemerkt hat. »Hund, Katz, Maus – du bist drauß! –Eddeldee – Huissi-Vodda!« Wer sollte da nicht mittun?

Noch heute, wie vor neunzig und noch mehr Jahren, geistert er, wenn auch freilich vielen unbekannt, im alten Stadtviertel zwischen Augsburger, Schlossberg-, Schwankler- und Burgfriedenstraße herum. Ja, alte Dachauer erinnern sich noch ganz gut an den Huissi-Voddan.

Dachau
Mi brennts do aa nöt

Ein übel beleumundeter Dienstknecht aus Dachau wurde einmal von einem Geißbock zum nächstgelegenen Wirtshaus geschleift und von dem meckernden Hornvieh gezwungen, Bier herauszubringen. Der Teufel, der sich in diesen arroganten Geißbock verwandelt hatte, blies nun den »Foam« (Schaum) so heftig vom Glase herunter, dass Feuer aus dem Masskrug heraussprang. Der Knecht, den dieses Feuerwasser ins Gesicht spritzte, schrie ganz gottserbärmlich, so hatte ihm der Gischt das Gesicht verbrannt.

»Waos haost denn?«, höhnte der Höllenfürst.
»Bals mi glei so elendi brennt im Gsicht!«, jammerte der Knecht.
»Mi brennts do aa nöt!«, frotzelte der Teufel.

»Schleich di, du Goaßbock, du mistiga, du gstinkada, schaug, dass d' weitakimmst!«, wurde nun der Knecht drohend und energisch.

Er packte seinen Stecken und wollte gerade auf den Geißbock einschlagen, da verschwand dieser so geheimnisvoll, wie er gekommen war.

DACHAU
Alle guten Geister

Als eine fromme Bäuerin aus Dachau einmal den Gottseibeiuns vor ihrem Hause stehen sah und genau erkannte, mit wem sie es zu tun hatte, glaubte sie, durch ein Kreuzzeichen gegen den Bösen gefeit zu sein und sagte dazu den Spruch:

»Alle Geister loben Gott, den Herrn!« In ihrer Aufregung hatte sie aber vergessen, dass der Spruch lauten müsste: »Alle guten Geister loben Gott, den Herrn!« Da war es schon um sie geschehen. Sie bekam eine solche Watschn, dass ihr das Hören und Sehen verging und sie drei Tage krank im Bett darniederlag.

Sie hat die »guten Geister« ihr Leben lang nicht mehr vergessen.

DACHAU
Kurze Hilfe des heiligen Leonhard

Der heilige Leonhard, heute nur mehr bekannt als der Viehpatron, und hier vor allem zuständig für die Rösser, so wie er auch heute noch verehrt wird in den St.-Leonhards-Kirchen zu Pasenbach und Sittenbach, war nicht von jeher der hilfsbereite Heilige für das »Viechzeigl«, sondern er war ursprünglich der Helfer der Gefangenen. – Dass er sich dabei auch als Fürsprecher für recht zwielichtiges Gesindel eingesetzt hätte, dass er diesem scheinbar auf recht merkwürdige Weise geholfen haben soll, dafür ist ein altes »Malefizprotokoll« ein Beispiel, das sich heute noch im Stadtarchiv München befindet und über einen Dachauer Kesseldieb berichtet.

Dieser saß bereits im Dachauer Schlossgefängnis ein und erwartete für den kommenden Tag seine Aburteilung. Da fiel dem Kesseldieb plötzlich der heilige Leonhard ein, der für die Gefangenenbefreiung zuständig war. Er flehte diesen recht inständig an – und konnte auf dessen Fürbitte hin ausbrechen. – Zu seinem Unglück wurde der Kesseldieb nun in München erneut auf frischer Tat ertappt, eingesperrt und dann verhört. – Der Malefikant gab am 19. November 1610 in München sinngemäß zu Protokoll: Er sei in Dachau aus dem Schlossgefängnis ausgebrochen. Eigentlich wollte er aus dem Leben scheiden. Er sähe aber wohl ein, dass Gott es so haben wolle, dass er auf Erden noch gestraft werde. Fliehen wollte er aus dem Gefängnis in Dachau; doch kein Mensch habe ihm dabei geholfen. Da habe er Gott und vor allem den heiligen Leonhard angerufen, der ja der Patron und Fürsprecher der Gefangenen wäre und auch ganz bestimmt für ihn Verständnis hätte. Daraufhin habe er nun aus der Gefängnistür einen Nagel herausbrechen können. Mit diesem sei es ihm gelungen, die Türbänder und die »Klampfern«, die diese zusammenhielten, langsam zu lösen. Endlich sei wirklich das Türband aufgegangen, sodass er leicht aus dem Gefängnis entkommen konnte. Es sei doch alles ein wenig morsch gewesen. Die Flucht wäre ihm um Mitternacht gelungen. Jetzt sähe er aber Gottes Willen ein, dass er doch zeitlich auf Erden dafür büßen müsse. Er wolle sich darein ergeben und bitte nur noch um eine milde Strafe.

Es ist gut, dass der heilige Leonhard sein Patronat über die Dachauer Spitzbuben abgegeben hat, sonst hätte er vermutlich recht viel zu tun gehabt seit dieser Zeit.

DACHAU

Die teuflische Wette auf der Kegelbahn

Das Kirchweihfest wussten auch unsere Vorfahren schon in gebührender Weise zu feiern. Es war ein besonderer Tag, an dem die Freude so recht aus dem Herzen quoll. Der Sorglosigkeit wurde freier Lauf gelassen. Vom Kirchturm von St. Jakob flatterte der »Zacherl« und man dachte an das reichliche Mahl, das zu Ehren des Kirtages fast in jedem Haus vorgesetzt wurde; man würdigte den kräftigen Sud vom Unterbräu, um dessen besondere Güte die Marktväter besorgt waren und bei Kostproben ihre Ansprüche immer höher schraubten; man wartete auf den Kirchweihtanz, der auf allen öffentlichen Plätzen zu den fröhlichen Weisen der Spielleute stattfinden sollte. Zuvor aber hatten alle brav und demütig in den Stühlen der festlich geschmückten St.-Jakobs-Kirche gekniet. Gegen die weltlichen Freuden konnte nichts gesagt werden, selbst wenn der Wundarzt alle Hände voll zu tun bekam, um den »Haar- und Faustraufenden« zu Hilfe zu eilen, ihre Köpfe zu flicken und zu bepflastern. Das gehörte schon damals zu einem richtigen Kirtag, wie die Schwalbe in den Sommer. Wenn die Nacht hereinbrach, verließ die junge, züchtige Weiblichkeit den Tanzplatz, die Spielleute packten ihre Instrumente ein und es wurde still im Markt.

Zur erwähnten Zeit gab es eine Kegelbahn mitten im Markt. Sie gehörte zu einer Brauerei und lag ganz nahe am Rathaus. Dort ging es bis spät in die Nacht hinein noch recht laut zu. So auch am besagten Kirchweihtage.

Der Zinngießer Thomas Schönwetter und mit ihm ein halbes Dutzend junger Leute vergnügten sich nach dem Tanz noch auf der Kegelbahn. Mit feuerroten Gesichtern und hochgekrempelten Hemdsärmeln schoben sie ihre Kugeln ins »volle Haus«. Es war ihnen zu heiß geworden, obwohl der Nachtnebel aus dem Moos kalt durch die offene Kegelbahn zog. Das starke Bier aus den ausgepichten Holzhumpen setzte ihr Blut in Wallung. Sie spielten teuer und erhöhten die Einsätze von Mal zu Mal. Es kam zu frevlerischen Wetten und die Verlierer fluchten sakrisch. Das konnte kein gutes Ende nehmen! Der wildeste Spieler war der Zinngießer Thomas Schönwetter. Sein Gesicht war leidenschaftlich verzerrt. Bis zu diesem Tage hatte er als der beste Kegelscheiber weit und breit gegolten. Heute hatte sich aber unbemerkt ein Fremder unter die Spieler eingereiht. War er überhaupt ein Dachauer? Kaum ein Wort war von ihm zu hören. Nur nach jedem seiner Meisterschübe lachte er hämisch meckernd auf. Dann strich er den sündhaft hohen Einsatz vom Tisch und ließ ihn grinsend in seiner Tasche verschwinden. Ganz kleinlaut schied ein Spieler nach dem anderen aus. Heimlich stahlen sie sich davon, betroffen von der teuflischen Hektik des Spiels. Ihre Taschen waren leer und den vermaledeiten Gewinner kannten sie nicht einmal. Unheimlich war es ihnen in seiner Nähe gewesen.

Nur Thomas Schönwetter hatte nichts bemerkt und spielte wie besessen mit dem Fremden weiter. Gespenstisch flackerte der Schein der Kienspäne über die Kegelbahn. Es ging schon knapp auf Mitternacht zu, als der Zinngießer die letzte Münze auf den Tisch warf. Er schob seine Kugel und warf acht Holz polternd nieder. Sein unheimlicher Gegner aber übertraf ihn unter meckerndem Gelächter mit

Die teuflische Wette auf der Kegelbahn

neun Holz. »Schluss!«, brüllte der Zinngießer wütend. »I hab gar nix mehr! Boidst wieda amoi auf Dachau kimmst, holt di der Teifi, du Schlawiner, du odrahta!« Die Antwort des Gewinners war wieder sein Lachen. »Du hast schon noch etwas, mein Freund, setz ein!« – »Ja, ja, an oite Hüwa, a Wei und a Stubn volla Kinda. Moagst des ois?« – »Nein, aber deine Seele kannst du verwetten!« – »Mei Sej wuist ham? Wos guit dir denn mei Sej?« – »Oh, sie gilt mir viel, mein Freund! Schlag ein!« Der Fremde legte vor und mit einem ohrenbetäubenden Pfiff fielen alle neune. Zu seinem Entsetzen hatte der Zinngießer aus der rollenden Kugel Funken schlagen sehen. Er ergriff eine Kugel und versuchte sie dem Fremden an den Kopf zu werfen, traf jedoch nicht.

»Itzt woaß i's gwiss, du host as mit'm Teifi!«, schrie er den Fremden an und schleuderte eine weitere Kugel auf ihn. Abermals verfehlte er den Sieger. Tobend und ganz von Sinnen suchte er nach einem weiteren Wurfgeschoss. Aber in diesem Moment verschwand sein Gegner und wie aus heiterem Himmel wurde der Zinngießer plötzlich von zwei starken Armen ergriffen und hochgerissen. Dann landete er krachend auf dem Boden. Der Ratsknecht hatte ihn gepackt und schrie ihn an: »Zinngiaßa, am Kirtag schwörst und fluachst du wie a Rossknecht! Bsuffa bist aa und blärrn duast, dass ma di bis zum Schloss auffi hört. Eini kimmst itzt in'n Stern. Der Magistrat werd dir dann d' Leviten schon lesn!«

Trotz der inständigen Bitten des Zinngießerweibes blieb der Magistrat tags darauf unerbittlich und sperrte ihn über acht Tage bei Wasser und Brot ein. Nun hatte Thomas Schönwetter Zeit, im sogenannten Stern, dem Verlies des Rathauses, über seine Begegnung mit dem Teufel nachzudenken. Seine Seele aber fand er noch bei sich und tat heimlich Buße für sich und sein gerettetes Leben.

Dachau
Von Irrlichtern auf der Münchner Straße

In unseren Tagen ist die Münchner Straße eine sehr gut ausgebaute Verbindung, die von Dachau nach München führt. Aber vor nicht allzu langer Zeit war sie nur ein befestigter Weg durch das Dachauer Moos. Auf dieser kilometerlangen, schnurgeraden Straße war es den Bewohnern des weiten Hügellandes nie ganz wohl, wenn sie, nur von unbebauten Moosgründen umgeben, so mutterseelenallein ihres Weges ziehen mussten.

Einmal brachte ein Bauer ein Fuder Heu zum herzoglichen Kastenamt in München. Als er so allein dahinfuhr, sprang ihm ein Lichtlein hinten auf den Wagen und fuhr mit. Der Bauer kam aus seinem Erstaunen nicht mehr heraus, denn so lautlos wie es gekommen war, verschwand es nach einer Weile wieder. Als er umsah, bemerkte er einen Sarg, der hinten auf seinem Wagen lag. Das erschien dem guten Mann als ein böses Zeichen und er setzte seine Fahrt sehr nachdenklich fort.

Solche seltsamen Ereignisse sollen schon öfter vorgekommen sein. Manche haben aus Furcht geschwiegen. Andere aber boten mutig allen Erscheinungen die Stirn. Ein derartiger Vorfall ist bekannt geblieben. Ein Bauer wiederum war es, der auf der Münchner Straße unterwegs war. Da geschah es, dass sich drei feurige Männer auf seine Pferde setzten. Das konnte den beherzten Bauern nun gar nicht schrecken. Es fiel ihm ein, was man bei solchen Erscheinungen zu tun hatte, und er rief den dreien zu: »I dank enk recht an Ehr fürs Leichten.« Auf diese ungewöhnliche Anrede riefen sie zurück: »Und mia, mia dangan dir recht schö fürs Reiten!« Was der Bauer aber vorher nicht wusste, war, dass die drei feurigen Männer durch seinen beherzten Anruf erlöst wurden und für immer verschwanden.

Dachau-Etzenhausen

Vom Ursprung der St.-Lorenz-Kirche in Etzenhausen

Der Ursprung der Pfarrei Dachau, deren Sprengel von jeher zum Bistum Freising gehörte, ist in Dunkel gehüllt. Die Sage, derzufolge die St.-Lorenz-Kirche der Filiale Etzenhausen die anfängliche Pfarrkirche von Dachau wäre, ist nicht unberechtigt. Bei den römischen Christen war Laurentius ein beliebter Kirchenpatron; er ist daher in vielen ehemaligen Römerorten Bayerns nachweisbar. Somit könnte in Etzenhausen schon zu Römerzeiten eine Laurentiusbasilika gestanden sein, zumal ganz nahe eine Römerstraße vorbeiführte.

Bei Etzenhausen war zweifellos in der früher näher beim Ort vorbeifließenden Amper auch eine altchristliche Taufstelle, die wohl vor

750 das Vorhandensein einer nahen Taufkirche bedingte. Laut einer Urkunde vom Jahre 804 hatte nämlich Atto, Bischof von Freising von 784 bis 810, gegen das Kloster Tegernsee Klage erhoben, weil es schon vor langer Zeit seinem Sprengel über ein Dutzend Taufkirchen (ecclesiae baptismales) auf unrechtmäßige Weise entzogen hätte, und er verlangte ihre Rückerstattung, darunter die der Taufkirche zu Zezinhusir (= die Häuser des Zazo?), das heißt Etzenhausen. Der Sage Kern ist somit das Vorhandensein einer vermutlich hölzernen Taufkirche zu Etzenhausen um 750, welche wohl mehreren Pfarreien diente.

Zu den Laurentiuskirchen gesellen sich bekanntlich gerne Stephanskirchen. Unweit Etzenhausen steht eine solche – zu Steinkirchen. In Etzenhausen war also wohl die Taufkirche für Steinkirchen und auch für die Kirche zu Dachau, wenn diese schon bestand. Der Sage nach war Steinkirchen der Mittelpunkt einer ungemein großen Pfarrei, deren Sitz vor 1315 nach Mitterndorf verlegt worden wäre.

Dachau-Udlding
Der Sixt Jakl von Udlding

»Furio, der Schwed kimmt!«, schrie der lange Sixt Jakl von Haus zu Haus.

»Der Schwed kimmt!« ... Damit war alles gesagt und jeder wusste, was er zu tun hatte.

Nach einer halben Stunde schafften alle Männer an einer hölzernen Schutzwehr ums Mitterndorfer Kirchl, denn das viele Vieh hatte innerhalb der Friedhofmauern keinen Platz.

Schaufeln fraßen, Pickel sausten, Äxte bissen, Sägen schnarchten – kaum hatten die Fuhrleute ein paar Stämme angefahren, waren sie auch schon zugespitzt, eingerammt und verkeilt.

Derweil schleppten die Weiber und Kinder an Fahrnis, Essenssach und Viehfutter, was sich irgend unterbringen ließ im Kircherl, und ehe die Sonne sank, waren die Gündinger, Mitterndorfer und Udldinger, die im Dachauer Schloss nicht mehr aufgenommen werden konnten, hinter einer neun Schuh hohen Holzwand geborgen. Den Marodierbrüdern konnte man von da herunter schon auf den Grind spucken und mehr war nicht zu fürchten, denn der Schwedenkönig wollte ja nicht Mitterndorf belagern, sondern München zu, dem Kurfürsten an den Hals.

Nachts wurde Kriegsrat gehalten im Kircherl.

Die Jungen, voraus der Sixt Jakl, wollten sofort den Schweden entgegen: »Alle umbringen, na hama an Ruah!«, meinten sie, aber die Alten hielten sie zurück. Die wussten, dass man die Amper nicht mit Löffeln aussaufen kann und bewilligten dem Sixt Jakl nur vier Mann. Mit denen sollte er morgen in aller Früh die Schweden abluren und Botschaft tun.

Im ersten Morgengrauen marschierte der Jakl denn auch schon aus mit seinen Vieren, und von Schleißheim her hörte man schon gräuliche Kartaunen herüberblasen und Büchsen, denn im Moos drüben war bereits eine harte Feldschlacht im Gange.

Der Jakl hatte einen gewaltigen Spieß über der Achsel und einen buchenen Prügel. Den hatte ihm der Schmied mit Schuhnägeln beschlagen und mit dem Spieß hatte sein Urahn schon vor hundert Jahren bei Georg von Frundsberg als Landsknecht umgestessen. Elf Schuh war er lang, der Spieß. Viere länger wie der Jakl. Und die anderen hatten auch allerhand Wehr: an Stangen geschmiedete Sensenblätter, Handbeile, Stehmesser, Dungathakln und einer hatte sogar ein Faustrohr im Sack, aber kein Pulver dazu.

Vorsichtig gingen die Fünfe, denn dem Jakl sein Ahndl, die von der Mutterseiten her Geschwisterkind war mit seinen Leuten, die alte Wabn, die auch schon Marketenderin gewesen war in ihren jungen Jahren, hatte sie gewarnt: »Sell is nit a so mit de Schweden«, hatte sie gesagt – »die schiaßend überalln umanand und schaugend nit auf, ob wer dasteht oder nit – und müaßts Obacht gem, Buam«, hatte sie gesagt.

Nun sahen sie helle Blitzlichter im Morgennebel, die immer deutlicher wurden und bald sahen sie auch die Lanzenspitzen und Harnische der schwedischen Panzerreiter dazu, die schwadronenweise Allach zuritten. Nach denen kamen die Feldgeschütze, alle dridoppelt bespannt. Ihrer fünfzig oder sechzig waren's leicht oder gar achtzig – wer weiß wie viel! … Und etliche Hundert Klafter dahinter marschierten die Fußknechte an – regimenterweis – tausendweis! …

So viele konnte man auf einmal gar nicht umbringen. Das ging den Fünfen ein wie's Märzenbier beim Unterbräu z'Dachau. Also hielten sie wieder heimzu auf Mitterndorf.

Schon sahen sie die Holzwehr und das Mitterndorfer Kircherl vor sich, da hielt – plötzlich, wie vom Teufel hergestellt – ein richtiger

Schwedenreiter vor ihnen und bot mit seinem blanken Raufdegen gebieterisch halt. Aber so ganz und für gar nix und her und auf'm Baum nauf ging das doch nicht: der Jakl legte seinen Spieß ein und rannte wie wild gegen den Reiter an. Der fing den Stoß zwar geschickt ab, aber dabei rutschte der Spieß seinem Gaul unversehens ins Nasenloch. Der Gaul stieg, überschlug sich, und schon schwenkte der Jakl seinen Buchenprügel über den gestürzten Reiter, da kamen – wieder wie vom leidigen Gottseibeiuns hergestellt – ein etliche zwanzig oder dreißig Schwedenmusketiere und Partisanenknechte daher. Mit harter Müh gewannen die Fünfe das freie Feld noch und die Schutzwehr, aber – nur ihrer viere wurden eingelassen ...

Der Jakl war beim Raufen der erste, also beim Davonlaufen der letzte gewesen und der Reiter und seine Knechte waren ihm so hart an der Lederhosen, dass ihm die Dorfleute das Tor vor der Nase zuschlugen, weil die Schweden sonst mit hereingerumpelt wären.

Nun stand er, den Rücken an die Holzwand gelehnt, neben der Tür, der Jakl, und ließ seinen Prügel spielen. Schon spritzte einem der Schwedenknechte die Sturmhaube vom Kopf und die Bauern versuchten mannhaft ihm von oben her beizustehen, da rief der Reiter seinen Leuten zu: »Schießt auf die da oben und überlasst mir den Langen!« Dabei riss er einem Knecht die Partisane aus der Faust und schwenkte sie in weiten Kreisen gegen den Jakl hin: drei, vier geschickte Hiebe, und der Buchenprügel spritzte in Fetzen auseinander ... Blöd sah sich der Jakl das spannenlange Trumm an, das ihm noch in der Hand geblieben war, und der Schwed setzte ihm die Partisane auf die Brust – »Gib dich!«, schrie er ihn an.

Unterdessen kam die alte Wabn mit einem Kübel voll Windeln aus dem Kircherl und wollte zum Ziehbrunnen hin.

»No, Wabn, aa scho auf da Höh?«, rief sie ein Bauer an.

»Grad a paar A...hadern hab i no zum Rauswaschn«, meinte die Wabn, da wurde es lebendig draußen: »Hojehooh – Hussaheeh!«, schallte es herein, und die Viere, der Jakl und die Schweden kamen angerannt.

»Wo habt's an Jakl??!«, schrie die Wabn die Eingelassenen an.

»Der is no draußt!« –

Mit der Linken fasste die Wabn den Waschkübel, mit der Rechten riss sie den Türriegel zurück und im selben Augenblick, wo der Schwedenreiter dem Jakl sein »Gib dich!« zurief, platzten ihm die A...hadern samt der Brüh in die Zähne ...

Der Reiter war ein beherzter Mann. Ein stämmiger Dalekarlier. Schon als junger Bursch hatte er daheim in Schweden manchen Bären übern Haufen gerannt und in zwanzig Kriegsjahren, dreißig Feldschlachten und hundert Scharmützeln allerhand Eisen fressen gelernt. Aber A…hadern schlucken samt der Brüh …
»Der Schwed riss aus, hat aber arg geschumpfen und ist übler Laun gewest –«, bemeldet die Chronika.

DACHAU-WÜRMMÜHLE
Eine gestohlene Uhr kehrt in die Würmmühle zurück

Ein redlicher Arbeiter werkelte seit Jahr und Tag rechtschaffen in der Würmmühle. Da geschah es eines Tages, dass dem Würmmüller eine wertvolle goldene Uhr gestohlen wurde. Er war sehr aufgebracht darüber und erzählte sein Missgeschick auch seinem Knecht. Dieser hörte sich den Kummer seines Dienstherrn an und überlegte, wie er ihm helfen könnte.

Dieser einfache Knecht hatte aber ein ganz besonderes Wertstück in seiner Kammer. Seine Großmutter hatte ihm ein altes, vergilbtes Buch vererbt. In diesem Buch stand nun alles aufgeschrieben, was man über den geheimen Zauber, über das Abbeten, über das Behandeln »da Froasn«, über das Bannen – und schließlich auch über das Herbeischaffen von Gestohlenem wissen musste.

Der brave Knecht sagte nur ganz knapp zum Würmmüller: »Den, der dir die Uhr gstoin hot, den wern ma glei wieda ham!« Er ging in seine Kammer und holte das versteckte Buch hervor, das er noch nie benutzt hatte. Aber er wusste von seiner Großmutter noch von der besonderen Kraft dieses Zauberbuches. »Itzt wern ma glei segn, wias hoifa daat!« So dachte er bei sich und fand auch schon die richtige Stelle mit dem passenden Bannsprücherl. Im gleichen Augenblick, als der Knecht sein Buch aufschlug, stockte dem Dieb der Schritt. Als der Knecht nun langsam die Zauberformel zu lesen anfing, wurde der Dieb gezwungen, langsam rückwärts zu gehen. Je schneller er las, umso eiliger hatte es auch der Dieb, in die Würmmühle zurückzukehren. Die geheimnisvolle Rückkehr ging so lang, bis er wieder am Ort seiner Tat eintraf. Da stand er nun plötzlich dem Würmmüller gegenüber und musste ihm die Uhr wieder aushändigen. Der Müller verpasste ihm so ein Trumm Watschn, dass dem Dieb das Hören und Sehen verging und er sich zwischen den Mehlsäcken wiederfand. Der Würmmüller hatte nun seine Uhr wieder. Das Strafgericht, das er selbst vollzogen hatte, schien ihm genug der Gerechtigkeit und der Dieb suchte eilig das Weite.

Ob der Knecht das Buch noch einmal in seinem Leben hervorgeholt und benutzt hat, das weiß man heute nicht mehr. Auch das Buch ist leider verlorengegangen.

Egenburg
Der verhängnisvolle Ritt des Wirtes von Egenburg

Zur Zeit der Volksfeste rings im Lande, zur Zeit des Oktoberfestes in München und der »Kirtage« allüberall hatte man schon immer bei uns in Altbayern Verständnis für eine handfeste Sauferei und eine waghalsige Wette, die dazugehörte, um seine Männlichkeit unter Beweis zu stellen. In einem vorgerückten Stadium des hingebenden Trinkens und des intensiven Aufschneidens und Prahlens maß man gerne seine potenziellen Kräfte.

So ging es auch dem Wirt von Egenburg bei Pfaffenhofen an der Glonn, der ein handfester Zechkumpan gewesen war. An einem Spätherbsttag hatte er schon recht viel Bier in sich aufgenommen. Es hielt ihn aber nicht zu Hause, weil drüben in Odelzhausen in der Gastwirtschaft »Zur Sonne« der regelmäßige Stammtisch abgehalten wurde. Auch hier schmeckte das Bier gut. Bei den sich steigernden Bierdümpfelgesprächen bot er an, dass er von Odelzhausen nach Egenburg auf einem Fass Bier reiten wolle, wenn er dann das Fass behalten dürfe. Gleich war die Wette mit dem »Sonnenwirt« abgeschlossen. Dieser ließ einen großen, vollen Bierbanzen bringen. Schon hatte der übermütige Egenburger sein »Ross« bestiegen – und eh man sich versah, waren Fass und Reiter verschwunden. Alle Gäste beim »Sonnenwirt« wollten sich das Schauspiel nicht entgehen lassen, eilten auf die Straße und machten sich gemeinsam auf den Weg nach Egenburg. Sie alle wollten den Egenburger Wirt auf seinem Fass reiten sehen.

Um das Wirtshaus von Egenburg aber lief ein Zaun. In seiner Ausgelassenheit befahl der Wirt seinem »Pferdchen«, den Zaun zu überspringen. – Mit einem mächtigen Satz, der für die Höhe von drei Zäunen gereicht hätte, flog das Fass mit seinem Reiter in hohem

Bogen über das Hindernis – jedoch zu weit, sodass das Fass mit seinem Reiter an die Wirtshausmauer geschleudert wurde, dort zerschellte und noch dazu ein großes Loch in die Hausmauer riss, das man heute noch sehen kann, wenn man genau hinschaut. – Dem Wirt – so ist überliefert – hat dieser übermütige Scherz das Leben gekostet. Seither hat es auch keiner mehr gewagt, nochmals so eine vermessene Wette abzuschließen.

Egenburg
Der starke Hans

In Egenburg lebte einmal ein Bauer. Der war sehr missmutig, weil er so viel Arbeit und keine Hilfe hatte. »Ich muss mir doch einen Knecht einstellen, dass ich es leichter habe«, dachte er sich.

Eines Tages kam ein großer, starker Handwerksbursche auf seinen Hof. Dieser fragte den Bauern, ob er nicht einen Knecht brauche. Er heiße Hans. Der Bauer musterte ihn und bemerkte, dass der Bursche feste Arme und große Hände besaß. Er dachte: der kann richtig arbeiten. Und laut sagte er zu ihm: »Du kommst mir gerade recht. Ich brauche einen Knecht, du kannst gleich bei mir einstehen.« So wurde der starke Hans Bauernknecht. Weil es schon Abend war, zeigte ihm der Bauer seine Kammer.

In aller Frühe gingen sie in die Stadeltenne. Der Bauer legte Garben aus. Dann nahm er eine Drischel und eine andere gab er seinem Knecht. Nun wollte der Bauer zu dreschen beginnen. Aber Hans sagte: »Was soll ich mit diesem Fliegenpatscher anfangen?« Er ging hinaus, suchte sich einen Schweinetrog und band ihn an einen Wiesbaum. »So«, sagte er, »jetzt kann es losgehen!« Als Hans seinen riesigen Dreschflegel in die Höhe schwang, kam er bis zum Dach hinauf und schlug die Balken ab, dass die Dachziegel nur so flogen. Beim Niederschlagen zerbrach die hölzerne Tenne. Der Bauer glaubte, Hans würde ihn erschlagen. Er jammerte und bat ihn mit aufgehobenen Händen, er möge doch zu dreschen aufhören. Hans ließ sich jedoch nicht aus der Ruhe bringen, bis das Korn gedroschen war. Aber wie sah es dann aus? Die Tenne war zerschlagen, sämtliche Dachbalken zersplittert und die Dachplatten lagen zerschmettert im Hof. Der Bauer dachte sich, einen solchen Knecht kann ich nicht brauchen. Er wollte Hans wieder weiterschicken. Aber der bestand auf seinen Dienst, weil ihn

Der starke Hans

der Bauer gedungen hatte. Dann gingen sie zum Essen. Die Bäuerin hatte bereits aufgetragen. Hans nahm keinen Löffel, sondern gleich die ganze Schüssel in seine Pratzen und trank die Suppe aus. Bevor sich die anderen von ihrem Erstaunen erholt hatten, war auch die Schüssel mit den Knödeln bereits geleert. So blieb den anderen nichts mehr übrig.

Am nächsten Tag schickte der Bauer den starken Hans in den Wald um Holz zu holen. Hans spannte zwei Pferde an den Wagen und fuhr hinaus. Er nahm fünf bis sechs große Holzscheite auf einmal in die Arme und belud damit den Wagen. Als dieser noch nicht ganz voll war, riss er kurzerhand noch einige große Stöcke aus dem Boden und legte sie oben darauf. So konnte er sich bald wieder auf den Heimweg begeben. – An der Straße stand ein hoher Kirschbaum mit vielen reifen Früchten. Hans gelüstete es danach; er wollte eine Handvoll haben. Er nahm gleich die aufgeladenen Stöcke und schleuderte sie auf den Baum, um die Kirschen herunterzuholen. Aber diese blieben mit ihren Wurzeln zwischen den Ästen hängen. Auch die Holzscheite flogen auf den Baum – doch nur ein paar zerquetschte Kirschen fielen herab. Das war ihm zu wenig. Er ergriff den Wagen und warf ihn ebenfalls in die Äste. Zuletzt mussten auch die Pferde daran glauben und er ging allein nach Hause. Als Hans dies dem Bauern erzählte, erschrak der so sehr, dass er sich vor dem starken Knecht fürchtete.

Weil der Hans auch nach diesem Vorfall noch nicht gehen wollte, dachte der Bauer darüber nach, wie er ihn losbringen könnte. Er schmiedete einen heimtückischen Plan. – Am nächsten Tag befahl er Hans: »Steige in den Brunnen hinunter und räume ihn.« Sie ließen eine Leiter hinunter und Hans stieg bis auf den Grund. Sofort zog der Bauer die Leiter wieder herauf. Nun konnte Hans nicht mehr gefährlich werden. Jetzt warfen der Bauer und sein Gesinde Steine in den Brunnen, um Hans zu töten. Dieser aber rief von der Tiefe herauf: »Treibt mir da oben die Hühner weg, die scharren immer Sand herunter!« Nun erkannte der Bauer, dass sie es anders anpacken müssten. Mühsam und schwitzend rollten sie einen großen Mühlstein herbei und warfen diesen in den Brunnen. Jetzt glaubten sie, Hans könne nicht mehr am Leben sein. Als sie sich gerade darüber freuten, den Hans endlich los zu sein, kletterte dieser plötzlich aus dem Brunnen und den Mühlstein trug er auf dem Kopf. »So, danke schön, jetzt habe ich einmal einen Hut. Jetzt können die Hühner scharren, soviel sie wollen!«, sprach er.

Da bekamen es die Leute im Dorf mit der Angst zu tun. Sie kamen im Wirtshaus zusammen und hielten Rat, fassten einen Plan, wie sie Hans beseitigen könnten. Hans sollte in einen großen Sack gepackt und im Weiher vor dem Dorf ertränkt werden. Einer erzählte Hans: »Du bist stark, kräftig und tüchtig, deshalb wollen wir dich zum Bürgermeister machen. Du musst aber vorher in einen Sack schlüpfen und vor der Kirchentüre auf uns warten.« Hans tat es, obwohl er ihren Plan durchschaute. Die Dorfbewohner gingen dann in die Kirche und beteten für seine arme Seele, und dafür, dass ihnen Gott ihr Vorhaben nicht als Sünde anrechne. Als sie nun in der Kirche beteten, schrie Hans laut aus dem Sack: »Ich will nicht und ich mag nicht!« Das hörte der Schweinehirt, der gerade seine borstige Herde vorbeitrieb. Er fragte ihn: »Was willst du nicht und was magst du nicht?« – »Bürgermeister werden!«, antwortete Hans. »Das möchte ich schon sein«, entgegnete der Schweinehirt. »Dann binde den Sack auf und lasse mich heraus!«, befahl ihm Hans. Der Hirt tat es und schlüpfte selbst in den Sack. Hans band diesen wieder zu und zog mit den Schweinen davon.

Als die Leute aus der Kirche kamen, trugen sie den Sack mit dem vermeintlichen Hans zum Weiher hinaus und warfen ihn hinein. Voll Freude gingen nun alle nach Hause, weil sie glaubten, endlich vor dem starken Hans Ruhe zu haben. Doch am andern Tag erschien Hans mit einer großen Schweineherde im Dorf. Die Dorfbewohner schauten den Hans wie einen Geist an und fragten ihn: »Woher kommst du und woher hast du die vielen Schweine?« Er antwortete: »Die habe ich alle vom Weiher heraus, da sind noch genug drinnen, ihr braucht nur nachsehen!« In ihrer Gier liefen die Dorfbewohner nun alle zum Weiher und ließen das Wasser ablaufen. Aber sie fanden bloß den ertrunkenen Schweinehirten im Sack.

Den starken Hans hat man mit seiner Schweineherde nie wieder gesehen.

EINSBACH
Salz ins Heilwasser geschüttet

In einem amtlichen Bericht des Einsbacher Pfarrers Johann Baptist Stettner aus dem Jahre 1864 teilte dieser dem erzbischöflichen Ordinariat in München mit, dass einer seiner Vorgänger, »der glaubenslose Pfarrer Felix Sigler«, das Wunder von Einsbach aus dem Gedächtnis der Einsbacher dadurch zu tilgen versucht habe, dass er zunächst einmal die Altäre veränderte, dann aber auch Salz in den Kirchenbrunnen werfen ließ, um das Wasser ungenießbar zu machen.

Mitten in der Wallfahrtskirche von Einsbach »Zum heiligen Blut« steht vor dem Chorbogen seit dem Hostienwunder von 1404 ein Ziehbrunnen mit einem sehr hübschen Eisengitter und einer oberen Einfassung aus rotem Marmor. Dieses Eisengitter war 1688 neu errichtet worden.

Jeder Wallfahrer, der nach Einsbach »zum heiligen Blut« wallfahrtete, schöpfte aus diesem Ziehbrunnen das Heilwasser, wusch sich damit die Augen aus und nahm womöglich noch etwas Wasser mit nach Hause, um auch den Daheimgebliebenen von dem Wasser zu spenden.

In diesen Brunnen hinein war um das Jahr 1404 die heilige Hostie eines Hirten gefallen, der damals in frevlerischer Weise dieses höchste Gut mit nach Hause hatte nehmen wollen – wie die Wallfahrtslegende erzählt: »Das heilige Brot sprang ihm jedoch davon und fuhr wie ein Blitz in den Steinboden des Gotteshauses, aus dessen Öffnung seitdem ein Quell hervorsprang. Dieser Quell wurde durch den Brunnen von 1688 neu gefasst. Das Wasser, das mit einem Holzkübel heraufgebracht wird, wurde gegen Augenkrankheiten benutzt.«

Die Bemühungen dieses »glaubenslosen Pfarrer Felix Sigler«, das Heilwasser unbrauchbar zu machen und den frommen Gläubigen ihr gottesfürchtiges Tun zu verbieten, blieben fruchtlos und unwirksam, ja, sie erregten den größten Unwillen der gläubigen Bevölkerung, die hierher zur Wallfahrt kam.

Die Strafe Gottes folgte alsogleich. Der Pfarrer Sigler erkrankte schwer an einem Beinleiden, das ihm fürchterliche Schmerzen bereitete. In seiner großen Not und Pein suchte er nun selber Zuflucht »zum heiligen Blut« in seiner Wallfahrtskirche zu Einsbach, wie weiland der Pfarrer von Ainhofen, als dieser der Muttergottes die entblößte Brust abschneiden wollte, um die Statue der Gottesmutter über die Friedhofsmauer heben zu können. Pfarrer Sigler ließ sich das Heilwasser bringen, das er selber hatte versalzen lassen. – Da geschah auch das Wunder. Durch das Anrufen der Hilfe Gottes, durch sein inständiges Gebet, durch seine wahre Reue und das Versprechen, Buße tun zu wollen, erlangte er tatsächlich die Heilung seines Beinleidens. Am 3. Juni 1791 ließ er sogar eine Votivtafel anfertigen und in der Heiligblutkirche anbringen, auf der das Wunder seiner Heilung dargestellt war und er Gott und dem »Heiligen Blut« dankte für seine wundersame Heilung »ex voto«.

Um das gottlose Tun und Treiben dieses Pfarrers Felix Sigler zu verstehen, muss man die Zeiterscheinungen berücksichtigen. Damals konnten die Illuminaten ihr Handwerk unter dem Schutz der kurfürstlichen Krone Bayerns in fast allen Staatsämtern treiben. Sie bereiteten die Säkularisation auf geistigem Gebiet vor und trachteten die barocke Volksfrömmigkeit einzudämmen. Als Illuminat gehörte Sigler jenem Geheimbund an, der durch »Selbst- und Menschenkenntnis reine menschliche Vollkommenheit zu erreichen suchte, zu der der Orden als ›Weisheitsschule‹ führen sollte«.

Gerade gegen die Volksfrömmigkeit richtete sich das Tun und Streben der Illuminaten, die eben nur die reine Vernunft gelten lassen wollten und alles ablehnten, was nicht durch sie zu erklären war.

Die Stiftung der Votivtafel, die einer Abschwörung des Illuminatentums gleichzusetzen ist, die frühe Beschränkung auf die Pfarrei Einsbach und das Insichgehen sind wohl glaubhafte Zeichen für seine Wandlung, die dazu nötigt, diesem Seelsorger von Einsbach »postum« Gerechtigkeit widerfahren zu lassen.

EISENHOFEN
Die drei adeligen Fräulein von Eisenhofen

In Eisenhofen, das bis 1972 eine selbständige Gemeinde im Glonntal gewesen war, erzählt man sich heute noch die Sage von den drei adeligen Fräulein. Sie sollen ehemals das dortige Schloss, große Ländereien und vor allem die gewaltigen Wälder ringsum besessen haben. Sie galten schon seit unvordenklichen Zeiten als die großen Wohltäterinnen von Eisenhofen und Kleinberghofen. Diese drei adeligen Fräulein sollen einmal aus ihrem großen Waldbesitz den Einwohnern von Eisenhofen und Kleinberghofen den »Hardt« geschenkt haben, das ausgedehnte Holz, das sich zwischen den beiden Ortschaften hinzieht und diese bis auf den heutigen Tag auch trennt.

Ein Bauer aus Eisenhofen wusste noch in den 1890er Jahren von dieser großzügigen Schenkung zu erzählen. Auch die »Hirtlbecker« (Hirtlbacher) bekamen von dem großen Waldreichtum dieser drei Frauen etwas ab; ihnen soll das »Mesnerholz« übereignet worden sein.

Um die Jahrhundertwende will sich eine Bäuerin noch daran erinnert haben, dass ihre Großmutter die drei adeligen Fräulein habe ausreiten sehen.

In der Filialkirche von Eisenhofen, die dem heiligen Alban geweiht ist und zur Pfarrei Hirtlbach gehört, befinden sich hinten beim Eingang in einem Glasschrein die drei Totenschädel der adeligen Fräulein. Ein blonder Zopf umkränzt einen Schädel. Diese Überreste sollen früher einmal hinter dem Hochaltar aufbewahrt worden sein. Sie mussten auf Anordnung des Münchner Erzbischofs Antonius von Steichele, Erzbischof von München und Freising von 1878 bis 1889, entfernt und auf den Dachboden der Kirche verräumt werden. – Wer sie heruntergeholt und hinten beim Eingang wieder aufgestellt hat, das weiß man nicht mehr; auf jeden Fall sind sie heute dort noch zu sehen.

Esting

Die Stiftung der Schlosskapelle

Westlich von Esting, bei dem Gut Felden, lag ein riesiger Forst, der sogenannte Brucker Hart, der sich bis Puch und Lindach ausdehnte. In diesem weiten Waldgebiet veranstaltete der Graf von Esting, vermutlich der Edle Heinrich von Esting, mit seinem Gefolge eine Jagd. Nun geschah es, dass sich Jäger und Treiber in der Unwegsamkeit des großen Waldgebietes verirrten. Die Nacht brach schon herein, und der Rückweg war einfach nicht mehr zu finden.

In seiner großen Bedrängnis flehte der Edle Heinrich von Esting die Gottesmutter um Hilfe an und gelobte, nach seiner geglückten Heimkehr eine Kapelle ihr zu Ehren zu stiften.

Da lichtete sich auf einmal der dunkle Wald – das ganze Jagdgefolge befand sich unmittelbar vor dem Tore des Schlosses von Esting.

Der Graf hielt sein Versprechen. Er erbaute eine Kapelle zu Ehren der Gottesmutter an der Stelle, an der sie heute noch am Wege von Dachau nach Olching und Bruck steht. – Die jetzige Kapelle wurde 1666 benediziert; sie wurde im 18. Jahrhundert nochmals erweitert und neu eingerichtet. 1738 stiftete die damalige Schlossherrschaft ein eigenes »Benefizium« (mit einer Pfründe ausgestattetes Messstipendium).

Die lange Straßenfront außen ist mit Blendbögen gegliedert, in deren Feldern Wandgemälde mit einem Prozessionszug und Heiligenfiguren zu sehen sind; es sollen die »Dachauer« sein, die nach Puch wallfahren; man glaubt in dem Geistlichen den verstorbenen Dachauer Prälaten Friedrich Pfanzelt zu erkennen. Das Fresko wurde 1926, nach Resten aus dem Jahre 1734, von dem Olchinger Maler Karl Sommer erneuert.

FREISING
Der Bär des heiligen Korbinian

Die Legende vom Bären, der das Reisegepäck des Heiligen zu tragen hatte, prägte sich so tief in die Seele des mittelalterlichen Gläubigen ein, dass diese sagenhafte Begebenheit in das Freisinger Stadtwappen einging.

Die Legende erzählt: Auf seinem Wege von Freising nach Rom, als er zunächst nach Tirol, dann in die Gegend der Breonen kam, die ihren Wohnsitz im »alten Rieß« am oberen Inntal hatten, musste der heilige Korbinian mit seiner Reisegesellschaft in einer unwirtlichen Gegend nächtigen.

Während des Nachtlagers weideten die Saumrosse. Da geschah es, dass ein hungriger Bär aus dem undurchsichtigen Dickicht hervorbrach und das Saumross, das das Reisegepäck des Heiligen zu tragen hatte, riss.

Am nächsten Morgen bemerkte als erster Anserikus, der getreue Wegbegleiter des Heiligen, den Verlust des Saumpferdes. – Korbinian befahl nun seinem Diener, das wilde Tier zu bestrafen. Dem Anserikus, der zuerst gezaudert haben soll, die Anordnung des Heiligen zu befolgen, soll Korbinian gesagt haben:

»Sieh! Da hast du eine Peitschen; gehe hin und schmiere den pern (Bären) wacker ab und leg den saumsatl (das Saumzeug) auf den pern und pint (binde) das velaß (Gepäck) darauf und treib ihn (den Bären) mit (den) andern (den übrigen) rossen auf unsern Weg!« (Nach einer alten Weihenstephaner Handschrift.)

Anserikus gehorchte dem Heiligen, züchtigte den Bären mit einer Peitsche und lud ihm die Last des gerissenen Saumpferdes auf. Geduldig ließ der Bär das alles über sich ergehen und versah nun den Dienst eines Saumpferdes zur Verwunderung aller Reisegefährten des Heiligen.

Der Bär des heiligen Korbinian

Vor den Toren Roms entließ Korbinian den willfährigen Bären und gab ihm seine wohlverdiente Freiheit wieder zurück.

Seither begegnet man bei fast allen Korbiniansdarstellungen dem Bären als kennzeichnendem Attribut.

Freising-Weihenstephan
Wie der Engelsflügel in das Weihenstephaner Wappen kam

Man schrieb das Jahr 1114, und zwar den St.-Michaels-Tag, also den 29. September. Der »Michaelstag« war bereits seit den Anfängen des Christentums ein besonderer Tag, weil man schon damals den heiligen Erzengel Michael als den Beschützer des christlichen Volkes ansah. Diese Verehrung setzte sich gerade in unserer Heimat fort, wie die vielen diesem Erzengel geweihten Kirchen bezeugen, von der Michaelskirche in München bis hin zu den kleinen Dorfkirchen, zum Beispiel St. Michael in Langenpettenbach, die als früheste Michaelskirche in der Erzdiözese München-Freising urkundlich erwähnt wird.

Kaum jemand aber weiß mehr, wie der »halbe Flügel des heiligen Erzengels Michael« in das Weihenstephaner Klosterwappen gelangt ist.

Ursprünglich führte das Benediktinerkloster Weihenstephan nach seiner Wiedergründung im Jahre 1021 durch Bischof Egilbert aus dem Hause der Moosburger (1005–1039) das Drei-Rosen-Wappen der Grafen von Moosburg.

Nun berichtet uns die Chronik von Weihenstephan für den 29. September 1114 eine recht merkwürdige Geschichte:

»Marquard, ein Geistlicher von Freising, ging eines Tages bei Sonnenaufgang spazieren; da sah er im Westen über dem Kloster Weihenstephan dunkle Wolken sich zusammenziehen, aus denen ein großer Stern hervorkam, der über dem Turm des heiligen Stephanus stillstand. – Darauf bewegte sich der Stern gegen Osten, wendete sich dann gegen Norden und suchte seinen Ruhepunkt wieder über dem Turm. – Nach dieser Wanderung bewegte sich das Gestirn sechsmal in Form eines Kreuzes von Osten nach Norden, schritt dann von Westen nach Osten vor bis zur Befestigung des (Weihenstephaner) Berges, auf welchem der äußere Teil des Klostergartens ruhte, erschien wieder über dem genannten Turm und verbarg sich hierauf in den Wolken, aus denen der Stern gekommen war.

Die meisten (Freisinger), unter diesen auch Bischof Heinrich I. von Tengling und Peilstein (1098–1137), hielten dieses Phänomen für eine Manifestation des heiligen Michael. – Der Bischof befahl, dass in Zukunft neben dem Feste des heiligen Stephanus auch das Fest des heiligen Michael, des zweiten Patrons der (Weihenstephaner Kloster-) Kirche, sowie das Fest der Erscheinung des heiligen Michael feierlich begangen werden sollte.«
Bischof Heinrich I. ließ darauf auch das Klosterwappen von Weihenstephan ändern; das ursprüngliche Wappen der Grafen von Moosburg – die drei heraldischen Rosen des Bischofs Egilbert – ließ er, nach der heraldischen Sprache, auf die rechte Seite setzen, den halben Flügel des heiligen Erzengels Michael auf die linke.

Vor dem Umbau der Hochschule erinnerten an dieses Wappen aus der Zeit des Bischofs Heinrich von Tengling die Wappentafel über der Ostseite des Durchgangs vom Hochschulhof zur Gartenbauschule und die Gedenksäule der milchwirtschaftlichen Anstalt.

Nicht nur Schutz und Schirm des Weihenstephaner Klosters gegenüber feindlichen Horden sollten damit erreicht werden, sondern auch das Gedeihen und Wohlergehen der Mönche, denn an diesem Tag mussten die Herbstfrüchte von den zins- und zehentpflichtigen Bauern abgeliefert werden: der Großzehent vom Wein, vom Getreide samt Halm und Stroh; der Kleinzehent vom Obst, vom Kraut, den Rüben, von Hopfen, Flachs, Hanf, Hirse und Heu sowie den Gänsen, Hühnern, Enten; die Schweine und die Eier der Hühner.

Da konnte man den beschirmenden Engelsflügel des mächtigen Erzengels Michael schon recht gut gebrauchen, denn nicht immer wollten die Urbarbauern das alles gerne geben, was sie als Freistiftige, als Leibrichtige oder Erbberechtigte zu geben hatten.

Wer sich wirklich zu weigern versuchte, hatte es jetzt also auch mit den heiligen Erzengel Michael zu tun – und wer wollte sich schon mit einem so mächtigen Vertreter vor Gottes Thron anlegen?

FÜRSTENFELDBRUCK
Die Engelsburg

Die einstige Abschnittsburg, in unmittelbarer Nähe und hinter dem ehemaligen Kloster Fürstenfeld gelegen, hieß wohl ursprünglich Eberhardsberg oder Eberhardsburg. Graf Eberhardt, der der Burg den

Namen gegeben hat, fiel in der Schlacht auf dem Lechfeld gegen die Ungarn am 10. August 955. Der letzte dieses Geschlechtes, Eberhard II. (von Maisach), ließ sein Leben beim Kreuzzug am 2. August 1190. – Im Zuge der Legendenbildung, gefördert durch das fromme Denken der Zisterzienser, wurde seit etwa 1263, dem Zeitpunkt der Gründung dieses Klosters durch Herzog Ludwig II., den Strengen (1253–1294), »Eberhardtsberg (-burg)« in Engelsberg abgewandelt, welcher Name zum Klosterareal viel besser passte.

Noch 1285 wird in der Klosterchronik von Fürstenfeld von einer »munitio« (einem Burgstall) im Gereuth (Kreuth, Ortschaft, wenige Minuten vom Kloster entfernt) gesprochen.

In einer alten Klosterüberlieferung von Fürstenfeld wird von diesem Engelsberg berichtet: »Die statt darauf wir seindt ietzundt (die Stelle, an welcher unser Zisterzienserkloster steht), hat nit gehaissen Fürßtenfeld, sondern Eberhardts-Garten. Und das ist geschehen von der Ursach wegen: Wann vor Zeiten ist ein Schloss gewesen oben (oberhalb) an dem Kloster Perg (des Klosterberges); darin seindt gewesen Edelleuth, die Eberharden haben gehaissen.«

Ein Edelmann von »Gaysing« träumt vom Kloster

Ein »Edelmann von Gaysing« (Schöngeising) habe »traumbt« (geträumt), er gehe mit zwei Männern den Klosterberg hinunter; einer von seinen Begleitern sei von einer gefährlichen Krankheit befallen gewesen. Hierüber heißt es in der Klosterchronik: »alß wer (wäre) er verwundt biß in Todt« (zu Tode verwundet gewesen). – Man beschloss nun, diesen zu Tode verwundeten Mann zu den »Mönchen in disem Closter« zu bringen, »biß dass er gesundt wird« (bis er gesundgepflegt würde). »Do liefen entgegen die Mönch in solchen khlaidern, wie er sie danach lange zeit gesehen hat« (wie er solche Mönche in der Ordenstracht der Zisterzienser später wirklich gesehen hat).

Eine Frau von Puch sagt den Klosterbau voraus

Abt Gerard Führer, der letzte Abt des Klosters Fürstenfeld, berichtet in seiner Chronik, dass einer »erbaren Frawen oben in Puoch« Folgendes geoffenbart worden sei. »Alß etliche Frawen bey ihr sassen, sprach sie zu ihnen: ›An dieselbige statt wirdt ein Ersams Mönch Cloßter gepaut werden!‹ Und gleich wie sie sagt, alßo geschachs.«

Engel singen das Salve Regina

Weiter erzählt Abt Führer, »zu zeiten (manchmal) hörten sie (diese Frauen) etliche Stimmen, so gar süssigkhlich sungen«; es sei das »Salve Regina« gewesen, das später in den Fresken des jetzigen Baues seinen so hervorragenden Niederschlag gefunden hat; diesem Salve Regina soll erst Bernhard von Clairvaux, der eigentliche Begründer des Zisterzienserordens, die Worte angefügt haben: »O clemens, o pia, o dulcis Virgo Maria.«

Weiter heißt es in der Fürstenfelder Chronik: »Von diesem Ereignis an wird dieser Hygel oder kleine Berg immer noch Engelsberg genannt.«

Der Eberhardts-Garten

Der königlich bayerische Hofpfarrer (von Fürstenfeld), Karl Adam Röckl, sagt in seiner »Beschreibung von Fürstenfeld« (1840), dass ein Schreiber dieser mittelalterlichen Zeilen sie so der Nachwelt überliefert hat: »Under vil wort, die sie miteinander redeten, da sagten von Eberhardts-Garten. Wan die statt, darauf wir seindt ietzundt, hat nit gehaissen Fürßtenfeld, sondern Eberhardts-Garten.«

Der Sage nach soll bereits Graf Eberhard mit seiner Gemahlin Hiltrud damals schon den Wunsch geäußert haben: »Wie schön wäre es, wenn in unserem Eberhardts-Garten ein Kloster stünde.«

Die Zisterzienser bauen nur in Tälern

Als man nun im Jahre 1263, nach dem ursprünglichen Bau in Thal bei Bad Aibling und Olching, das Kloster nach Fürstenfeld verlegte, wollte man den Kloster- und Kirchenbau oben auf dem Engelsberg beginnen. Nachts aber sollen Engel vom Himmel gekommen sein, sollen das Mauerwerk Tag um Tag abgetragen haben und an der Stelle unten im Tal wieder aufgebaut haben, an welcher heute noch das 1803 säkularisierte Zisterzienserkloster von Fürstenfeld steht.

Hier dürfte das Grundsätzliche über die tatsächlichen Klosterniederlassungen zutage treten, insofern, als »Bernardus valles, / montes habitat Benedictus, / oppida Franciscus, / Ignatius urbes amavit.« – Die Zisterzienser des heiligen Bernhard von Clairvaux bevorzugen die Täler, die Benediktiner des heiligen Benedikt die Berge (Hügel), die Franziskaner des heiligen Franz von Assisi lieben die kleinen Städte und Märkte, die Jesuiten des heiligen Ignatius von Loyola die großen Städte.

GAGGERS

Die Regenbogenschüsselchen

Es war an einem schwülen Hochsommernachmittag des Jahres 1751, um es genau zu sagen: am Pfingstdienstag, dem 1. Juni 1751. Ein schweres Gewitter zog über die westlichen Fluren von Gaggers herauf, einem Weiler, der nordöstlich von Sittenbach liegt und zur dortigen Pfarrei gehört. Immer dann, wenn sich vom Ammersee her ein grobes Unwetter auftut, war es besonders zu fürchten und drohte gefährlich zu werden.

Der Dorfhirte von Gaggers, der Joseph Schopfer, und sein Schwiegersohn, der Hirte Franz Sondermayer, waren mit ihrer stattlichen Viehherde draußen im »Kleinen Ried«. Da zuckte schon der erste Blitz; viele folgten ihm noch nach. Der Donner brach sich vielfach in den umliegenden Wäldern, die sich bis nach Adelzhausen hinziehen. – So schnell aber das gewaltige Unwetter gekommen war, so schnell war alles wieder vorbei. Ein strahlender, in seinen bunten Farben schillernder Regenbogen zog herauf.

Da besann sich der Hirte einer längst vergessenen Erzählung, dass man nämlich dort, wo ein Regenbogen aufsteige, Regenbogenschüsselchen« aus reinem Golde finden könne. Da lief er einfach auf diese Stelle zu. Und siehe da: Der vom Regen aufgeweichte Lehmboden hatte im »Kleinen Ried« einen kupfernen Hafen mit vielen, vielen kleinen Regenbogenschüsselchen freigegeben, und zwar genau da, wo dieser gewaltige Regenbogen seinen Aufstieg genommen hatte. – Zwischen 1300 und 1400 solcher Regenbogenschüsselchen sollen es gewesen sein, die der Boden freigegeben hatte. Einer meinte sogar, es genau zu wissen; er zählte 1366. Der Regenbogen hatte wieder einmal die Verheißung wahrgemacht, dass er eben Regenbogenschüsselchen herzuzaubern vermochte.

Der Hirte hatte mit seinem Schwiegersohn keltische Goldmünzen gefunden, die Raubvogelköpfe, Hirschköpfe, Kugeln, Rosetten, Halbmonde und Sterne zeigten.

Bald hatte es sich in der Umgebung herumgesprochen, dass

Die Regenbogenschüsselchen

ungeheuer viel Gold in Gaggers gefunden worden sei. Man sprach von gewaltigen Hafen aus Kupfer, von übervollen Mehlsäcken, von unförmigen uralten Bauerntruhen, die alle voller Gold steckten.

Auf einer dieser eisenbeschlagenen Bauerntruhen soll einer sogar den leibhaftigen Teufel haben sitzen sehen, wie er ganz hämisch grinsend darauf wartete, dass ihm eine Seele, die von der Goldgier gepackt war, zufiele. Der letzte der vier grabenden und von Goldgier erfassten Männer sollte ihm gehören; das war so gut wie sicher. Doch dem frommen, gottesfürchtigen, sehr studierten Pfarrer Anton Rottmanner, der die jetzige Pfarrkirche von Sittenbach mit großem Kunstverständnis so hervorragend im Rokoko ausgestattet und auch den heute noch erhaltenen Pfarrhof errichtet hat, war es gelungen, durch seine »lateinischen Gebete« und wohl auch noch einige Beschwörungsformeln den Teufel abzuwehren und seine Pfarrkinder, vor allem aber den Hirten Joseph Schopfer und seinen Schwiegersohn Franz Sondermayer, der als letzter aus der Fundgrube herausgestiegen war, vor dem ewigen Verderben zu bewahren.

Von dem Hirten Franz Sondermayer, dem an diesem Tage ein Sohn geboren wurde, wird berichtet, dass er mit einem kleinen Gütel in Haidhausen (heute München-Haidhausen) dafür entschädigt worden sei, dass er alle seine gefundenen Regenbogenschüsselchen abgeliefert hatte, wie es das Gesetz damals schon befahl und auch heute noch befiehlt. – Andere glauben zu wissen, dass er von den erlittenen Schlägen, die ihm die kurfürstliche Kommission bei der »Inquisition« beigebracht habe, um aus ihm herauszuprügeln, wo noch mehr solcher Regenbogenschüsselchen verborgen seien oder wer sonst noch welche versteckt halte, »siech und elend« blieb – und bald darauf verschied.

Heute noch sind Regenbogenschüsselchen zu bewundern im Heimatmuseum in Friedberg, in der Keltenausstellung in Hallein bei Salzburg und im bayerischen Münzkabinett in der Residenz in München.

GERMERING

Vom Parsberger Pfennigbächlein

Am Südhang des Parsberges, unterhalb der Römerschanze, entspringt ein kleines Bächlein. Im Volksmund nennt man es das »Pfennigbächlein«, einmal, weil es so klein und so unbedeutend wie ein Pfennig sei, aber auch, weil hier viele Pfennige vergraben lägen. – In diesem Bächlein soll eine große und schwere Kiste, ganz mit Goldmünzen vollgestopft, liegen. Wegelagerer, die sich im Mittelalter einmal auf der Römerschanze aufhielten, sollen diese Kiste kurz vor ihrer Gefangennahme im Bachbett vergraben haben, als sie gar keinen Ausweg mehr sahen, um ihren Häschern zu entkommen. Da es sich um nicht redlich erworbenes Geld handelte, durfte es nur zu nächtlicher Zeit und bei größtem Stillschweigen gehoben werden.

Einmal kamen zwei Männer aus Germering und wollten um jeden Preis den Schatz heben. Die beiden gruben und schufteten schon einige Nächte mit Pickel und Schaufel. Endlich sahen sie die Kiste vor sich. Neben dem kleinen Pfennigbächlein stand ein Baum, auf dem schon lange ein Rabe saß, der den Männern die ganze Zeit über recht interessiert zuschaute. Dieser Rabenvogel soll der Teufel selber gewesen sein. Der wollte es nicht zulassen, dass die beiden Männer die Kiste mit dem vielen Gold in die Hände bekämen. Da verleitete der Rabe den einen der Männer zum Sprechen, und er flüsterte ihm ins Ohr: »Wia lang brauchts es itzt no, bis es herom habts, de Kistn?« Und gerade waren die beiden am Heraufziehen, da meinte der eine: »Itzt wermas glei ham!«

Schon war es geschehen. Holterdipolter sauste ihnen die Kiste wieder in die Tiefe des Bachgrundes und verschwand auf Nimmerwiedersehen.

Da stieß der Rabe ein höllisches Gekrächze aus und verschwand ebenfalls im Parsberger Forst.

Germering

Auf dem Parsberg geht's um

Über den Parsberg zwischen Puchheim und Germering ging früher eine vielbefahrene Straße, die von München nach Augsburg führte. Oben auf der Anhöhe hat einmal ein Zollhäusl für den Straßenzoll gestanden, der hier einkassiert wurde zur Instandhaltung dieses wichtigen Straßenzuges. – Die ehemalige Burg »Parsberg« lag oben auf der Anhöhe; von hier aus sah man weit übers Dachauer Moos und sogar bis München hinein. Zwei Bäche, die um den Berg herumfließen, und der vor dem Parsberg sich ausbreitende Sumpf erhöhten die Widerstandskraft dieser Burganlage.

Ein so exponierter Fleck, wichtig für Land und Leute, notwendig für den Verkehr zu Fuß und mit Gespannen, hatte immer schon eine besondere Bedeutung. Das meinten sowohl die Leute von Puchheim wie die von Germering, und sie behaupteten: »Auf'm Parsberg geht's dirm amoi um!«

Man glaubte des Öfteren einen einsamen Bauern umherirren zu sehen; der ging gebückt zwischen den Bäumen herum, als ob er etwas suchen wollte, was er verloren oder vergessen hätte. Er soll immer etwas Unverständliches vor sich hingemurmelt haben. Immer aber, wenn sich ihm Leute genähert hätten, sei er lautlos verschwunden, ohne ihnen etwas angetan zu haben.

Da kam einmal in dunkler Nacht ein Handwerksbursch des Weges. Auch er hörte den alten Bauern vor sich hinmurmeln, unter den Bäumen sich bückend und ständig nach etwas suchend, was er einfach nicht zu finden schien.

Der Handwerksbursch vermeinte nun aus dem Gemurmel die Worte herauszuhören: »Wo soi 'n itzt hidoa?«

Der lustige Walzbruder, der ja weitgereist war und schon viel erlebt hatte, wusste sich zu helfen; er erwiderte dem unruhig Suchenden und vor sich Hinmurmelnden: »Ja, tu 'n halt do hi, wost 'n hergnomma hoast!«

Das war das erlösende Wort, auf das der unerlöste Geist so lange gewartet hatte. Dieser ruhelos wandernde Bauer soll zu seinen Lebzeiten ein rechter Geizkragen gewesen sein, der nie genug bekommen konnte; da habe er einmal, um noch mehr Grund zu haben als sein Nachbar, einen Grenzstein zu seinen Gunsten versetzt. Ohne diesen Frevel wieder gutgemacht zu haben, war er verstorben. Deshalb musste er nun nach seinem Tode den Platz suchen, von dem er den Grenzstein widerrechtlich entfernt hatte. Damit er ihn wiederfände, musste er die Frage stellen, so wie sie der walzende Handwerksbursch verstanden hatte.

Giebing

Da Wiesnbaua z' Giabing haot eahm ghoifa

Ziemlich weit abgelegen von den allgemein befahrenen Straßen und wenig bekannt, liegt im Landkreis Freising, an der Grenze nach Dachau zu, das Dorf Hörenzhausen. Die Filialkirche zum heiligen

Johannes dem Täufer gehört zur Pfarrei Haimhausen. – Gerade in diesem einsamen und abgelegenen Dorf haben sich mehr Geschichten und Sagen erhalten als anderswo.

Ein Bauer von Hörenzhausen hatte viel Unglück im Stall: Die Kühe haben verworfen, die Rösser sind oft »krump« gegangen und mit den Eiern hat es auch nicht immer gestimmt. Es soll einfach im Stall gespukt haben. Man holte den Herrn Pfarrer von Haimhausen, ließ von ihm den Stall mit Weihrauch ausräuchern und mit reichlich Weihwasser besprengen. Es half alles nichts.

Eines Tages kam der alte Wiesnbauer von Giebing herüber. Der war nicht nur bewandert im Kurieren von diesem und jenem Wehdam, der Mensch und Tier seit Menschengedenken plagte, sondern er kannte sich auch mit Sachen aus, bei denen sich ein ordentlicher Christenmensch nicht mehr so recht zu helfen wusste. Diesen Wiesnbauern von Giebing fragte nun der Hörenzhausener um Rat. Prompt kam die Antwort aus dem Munde des erfahrenen Bauern: »Hoast eppa a Drud im Stall? – De koanscht scho votreibn. Bals eppa vo enk was z' leiha nimmt, oaft steig ihra nache; werd's net weit tragn, des Sach; werst as segn.«

Es hat wirklich nicht lange gedauert, da ist ein altes Weiblein auf den Hof gekommen. Es hat recht schön getan und um einen Laib Brot gebettelt: »I taat enk halt recht an Ehr drum bittn«, hat sie scheinheilig gesagt, »dass es mia an Loab Broat schenka taats.« Den bekam sie auch und hat noch gemeint: »An recht an Ehr Vogelt's Gott taat i no sagn.« Das alte Weiblein ist nicht weit gegangen, hat nichts von dem Laib Brot gegessen, sondern hat etwas über ihm gemurmelt und dann den guten und frischen Brotlaib einfach in die Stauden hineingeschmissen. Recht hinterfotzig hat sie auch noch gelacht dabei. Das hätte sie lieber nicht tun sollen, denn nun wusste der Bauer, der ihr nachgeschlichen war, dass sie die Drud war, die ihm das Vieh und den Stall verhext hatte. Von diesem Tag an war ihre Macht gebrochen, weil sie beobachtet worden war, wie sie den Brotlaib besprochen und weggeworfen hatte. Sie kam nicht mehr in den Stall, verhexte nicht mehr das Vieh und ward nicht mehr gesehen.

Eines Tages lagen viele blanke Goldstücke im Rossbarren. Diese haben so geblitzt, als ob die Rösser sie abgeschleckt hätten. Woher sie gekommen waren, wusste niemand zu sagen; sie waren einfach da. Da holte man wiederum den alten Wiesnbauern von Giebing, weil der schon einmal geholfen hatte. »Lasst's liegn, wias san; werd da Drud sei

Geld sei, des obringa hoat müssn für ihran Schaodn, den s' ogricht haot. – A woas sinscht no alls umananda liegt bei enk im Stall, lasst's es dol (dort), wos liegt. 's war bessa, es bleibat alls a so.«

Das ist schon lange her; man hat keine Drud mehr gesehen und gespürt – die Leute haben all das schon vergessen.

GRAFRATH
Über die Herkunft und die Geburt des heiligen Rasso
Die Nachkommen des Hildebrand von Thaur

Hildebrand von Thaur wird in der Dießener Klosterchronik als der Stammvater der Grafen von Dießen angesehen, in die auch Graf Rasso einzugliedern ist. Hildebrand von Thaur soll dem Uradel der Huosi angehört haben. Die Burg Thaur lag bei Hall in Tirol im Inntal. Die Besitzungen dieses Hildebrand sollen vom Brenner bis nach Augsburg gereicht haben, etwa im Gebiet der ehemaligen Belaunen und der Licatier, wie sie Tacitus in seiner »Germania« beschreibt. Hier spielt auch noch der heilige Romedius herein, der ebenfalls auf Burg Thaur gewesen sein soll. Dieser Heilige wirkte im 5. Jahrhundert n. Chr., also noch vor Beginn der bayerischen Geschichte. Auf einem Bären sitzend, ist er in der Schlosskirche zu Thaur dargestellt.

Hildebrand von Thaur müsste um das Jahr 700 gelebt haben. Die Klosterchronik von Dießen nimmt an, dass Graf Radhard und Graf Hanto seine Enkel waren; wer der Vater dieser beiden gewesen ist, ist unbekannt. Die Schwester Radhards und Hantos – Helmrade – soll mit dem Kaiser Arnulf (887–899) verheiratet gewesen sein, einem unehelichen Sohn Karlmanns. Aus dieser Ehe gingen die beiden Brüder Zwentebold und Rathold hervor.

Graf Rathold hat seinen Vater, Kaiser Arnulf, auf dessen Heerfahrten begleitet und ist zum Dank dafür zum Markgrafen im Sunder- und Huosigau erhoben worden. Er heiratete die Adalona; aus dieser Ehe gingen hervor: Graf Ratbot oder Razzo und Friedrich, die sich beide schon »von Dießen« nannten.

Graf Rasso (Ratbot) dürfte der ältere der Brüder gewesen sein, da sein »stabender Name« (Radhard – Rathold – Ratbot) auf die Erstgeburt hinweist. Er sollte als der Ältere die Geschlechterfolge fortsetzen; tatsächlich tat dies dann sein Bruder Friedrich von Dießen, der die Stammlinie der Grafen von Dießen anführte.

Die sagenhafte Geburt des Grafen Rasso

Zwischen den Dörfern Untermühlhausen und Geretshausen (Landkreis Landsberg am Lech), in der Nähe des jetzigen Bahnhofs Epfenhausen, stand ehedem eine steinerne Säule, die den heiligen Rasso darstellte; neben dem Rasso war eine Frau zu sehen, die seine Mutter Adalona sein sollte.

Die Gedenksäule wurde zur Erinnerung an die Geburt des Rasso auf freiem Felde um das Jahr 880 an dieser Stelle, in der Nähe der Burg der Rohrbacher, errichtet. Die hochschwangere Adalona sei vor der Grausamkeit ihres Ehemannes, des Grafen Rathold von Dießen, aus der Burg Dießen hierher geflohen; sie habe Schutz und Zuflucht bei ihrem Bruder suchen wollen, der damals Pfarrer in Geretshausen gewesen sein soll.

Graf Rathold von Dießen fiel im Jahre 907 bei der heldenmütigen Verteidigung der bayerischen Ostgrenze in der Schlacht bei Pressburg mit zwanzig anderen bayerischen Grafen.

Nach dem Tode ihres Ehemannes Rathold zog sich die Adalona von Dießen von der Welt zurück, um ihren Witwenstand in stiller Trauer im Dienste Gottes zu verbringen. Noch 914 findet man sie als »Matrone Adalona« erwähnt; ihr Todestag ist unbekannt.

Graf Rasso soll der Legende nach im Kloster St. Georg (im Schwarzwald) aufgewachsen und erzogen worden sein. Hier hat Graf Rasso seine Liebe zur klösterlichen Zurückgezogenheit entdeckt, zu der er in seinen letzten Lebensjahren zurückgekehrt ist.

Noch im 19. Jahrhundert sollen die Lechrainer zu dieser Säule gewallfahrtet sein; die Wallfahrer aber, die weiter nach Grafrath pilgerten oder von dort zurückkehrten, haben wahrscheinlich hier haltgemacht und zu dem Heiligen gebetet.

An der Stelle dieser Säule errichtete die Gemeinde Untermühlhausen 1954 eine kleine Feldkapelle, die sogenannte »Rasso-Kapelle«.

GRAFRATH
Das Kreuz Kaiser Karls des Großen

Graf Rasso soll in den Kämpfen der Bayern gegen die Ungarn zum ersten Mal 909, dann zwischen 912 und 942 und zuletzt in der siegreichen Schlacht gegen die Ungarn 948 dabei gewesen sein. Während dieses letzten Kampfes – so will es die Legende – hat er das Kreuz Kaiser Karls des Großen (769/814) mit sich geführt. Ein Engel soll es einst dem Kaiser Karl überbracht haben. Durch den Sohn des Kaisers, Pippin, sei dann das Kreuz nach Andechs gekommen und von hier aus in die Hände des Grafen Rasso gelangt.

Dieses Kreuz ging nun dem Grafen Rasso auf ungarischem Boden verloren.

Erst König Stephan I., der Heilige, von Ungarn (997–1038) soll es wieder gefunden haben, nachdem ihm ein Engel die Stelle gezeigt habe, an der es Graf Rasso verloren hatte. Durch die ungarische Königin Gertrud, eine Andechserin, die den ungarischen König Andreas II. vor dem Jahre 1203 geheiratet hat – sie war übrigens die Mutter der heiligen Elisabeth von Thüringen – scheint das von Graf Rasso verlorene Kreuz Kaiser Karls des Großen wieder nach Andechs zurückgekommen zu sein.

Grunertshofen
Der Läalahund

Zwischen Luttenwang und Grunertshofen liegt eine Grube, die die Leute die »Läalagumpe« nennen. In dieser Grube hauste ein gar bösartiger Geisterhund, der genauso aussah wie ein schwarzer Pudel. Der fiel nächtlich Wanderer an, versetzte sie in argen Schrecken und richtete sie übel zu, wenn er sie erwischen konnte. – Die beiden alten Steberleute von Grunertshofen wollen diesen Geisterpudel selbst noch beim Frietingerkreuz zwischen Luttenwang und Grunertshofen gesehen haben.

Dieser »Läalahund«, so erzählten einander die Leute von Grunertshofen, sei vormals ein Bauer aus der Umgebung gewesen. Weil er aber zu Lebzeiten unerlaubt Grenzsteine versetzt habe, sei er nach dem Tod in einen schwarzen Pudel verwandelt worden; und weil diese Grenzsteinversetzung in der Nähe dieser »Gumpen« geschehen sei, habe er hier hausen müssen, bis ihn jemand durch das passende Wort von seinem Frevel erlöste.

Da sei nun einmal ein Bauer aus Grunertshofen um die Mitternachtsstunde an dieser »Läalagumpen« vorbeigegangen. Da sprang ihn schon der Geisterpudel an. In seiner Angst schickte der gottesfürchtige Bauer ein Stoßgebet zum Himmel und murmelte vor sich hin: »Lieber

Gott, verscho mi do vo dem greislinga Viach; erbarm di meiner und huif ma dernt!« – Da ließ der bösartige Läalahund »vo eahm oa, hoat an Schwanz eizogn und is davogschlicha; er is oaft (dann) no a Zeitlang nebm eahm hergloffa, bis da Baua beim nachstn Feldkreiz gwen is; oaft is er ganz voschwundn – und neamad hoatn mehr gseng, den Läalahund. – Weil der Baua bet haot, haot er den Hund dalöst, der oamoi a Baua gwen is, der Grenzstoana versetzt haot«.

Hadersried
Die Teufelsgasse bei Hadersried

Zwischen Hadersried und Hohenzell, die beide zur Pfarrei Odelzhausen gehören, liegt ein Hohlweg, eine Greppen, die die Leute heute noch die Teufelsgasse heißen. Mit einer »Gassn« meint man auf dem Lande keine Straße. »A Gassn« ist ein Hohlweg. In diesen Gassen geht es manchmal nicht mit rechten Dingen zu, sodass man zu ihnen auch »Teufelsgassen« sagt, ohne direkt den Gottseibeiuns zu meinen. Es geht dort schlechthin um. »Es reigiert«, sagen dann die Leute, wenn die Dunkelheit hereinbricht, der Wind sich verfängt, das Laub sich von selber auf dem Boden zusammenkehrt und unheimlich raschelt oder der Schnee sich auftürmt zu »Gwahna«, durch die man nicht mehr hindurch kann oder in ihnen versinkt.

Immer wieder ist es vorgekommen, dass Leute, die von Hadersried nach Hohenzell gegangen sind, in den »Gassn« ein feines Klingeln gehört haben wollen, so wie früher der Mesner am Altar zur Wandlung geläutet hat. Früher klingelte auch der Mesner noch mit dem Glöckchen übers Land, wenn er vor oder hinter dem Pfarrherrn ging, der einem Sterbenden die Wegzehrung zu bringen hatte.

Eine Bäuerin aus Hadersried musste wieder einmal zwischen »Dunkel und Siachstminet« durch die Teufelsgasse gehen. Da vernahm sie hinter sich ein feines Läuten. Sie blickte halb erstaunt und halb erschrocken um und fragte in die Dämmerung hinein, ob da jemand wäre. Da soll eine dumpfe Stimme zu ihr gesagt haben: »Dirm is a Pfarra mit'm Allaheiligsten duich de Gassn kemma, dao haob i net auf des Leitn vom Mesna aufpasst und haob aa a weng grob dahergredt. Itzt muaß i jedn Taog um de sellane Zeit dao sei und aa klingeln, bis wieda oana zum Voseng durchi kimmt durch de Gassn. Oaft (dann) werd i dalöst wern.«

Ob bis zum heutigen Tag ein Geistlicher wieder durch die Teufelsgasse auf einem Versehgang vorbeigekommen ist, weiß man nicht; damals, als die Geschichte aufgeschrieben wurde, soll man das feine Klingeln noch hie und da gehört haben.

Haimhausen
Die Wallfahrtslegende von der Bründlkapelle

Eine Viertelstunde von der Pfarrkirche Haimhausen entfernt und vollkommen im Breitholz versteckt, liegt die kleine Wallfahrtskapelle »Maria-Bründl« (seit 2000 offiziell eine Filialkirche der Pfarrei Haimhausen). Das kleine »Heiltum« ist nur auf einem schmalen, schattigen Waldweg erreichbar; man sieht es erst, wenn man unmittelbar davorsteht. Es liegt im dichten Gehölz auf halber Höhe der Amperleiten, sodass es sowohl von oben wie von unten dem Blick des Wanderers entzogen ist. Diese kleine Wallfahrtskapelle wird von den Haimhausenern gern und viel besucht. Schon um 1715 stand bei der Quelle, die neben der heutigen Kapelle unter großen Buchen entspringt, und die ein »gsunds Wassa« mit einer heilkräftigen Wirkung hat, ein kleines Bildstöckl mit einer tönernen Nachbildung des Gnadenbildes von Ettal. Viele Leute, vor allem aber Augenkranke, die sich das Wasser über ihre wunden Augen strichen, fanden Linderung und Heilung, und auch bei anderen Leibschäden soll es geholfen haben.

Man erzählt sich auch die Geschichte, dass einmal ein Bub, der beim Raufen mit seinen Kameraden in die Amper gestürzt und schon weit vom Wasser abgetrieben war, auf wundersame Weise gerettet wurde. Der Bub erzählte, ihm wäre gewesen, als hätte ihn ein Schwarm von hellglänzenden Fischen aus dem Wasser getragen. Die Erscheinung dieser Fische soll aber die Gottesmutter von der Bründlkapelle gewesen sein, »die der Bub nicht richtig erkannt habe«. Die Bründlmuttergottes habe ihn vom Tode des Ertrinkens errettet, weil der Bub immer zum »Bründl« gegangen wäre und dort gebetet hätte.

Anstelle des Bildstöckls, bei dem viele Leute aus Haimhausen und aus der Umgebung Erhörung gefunden hatten, baute man zunächst eine kleine hölzerne Kapelle. Der Zulauf wurde immer größer und größer, so entschloss man sich im Jahre 1734, die heute noch stehende Barockkapelle zu bauen. Besonders der damalige Besitzer des

Die Teufelsgasse bei Hadersried

Schlosses Haimhausen, Reichsgraf Karl Ferdinand Maria von und zu Haimhausen, machte sich um die Bründlkapelle sehr verdient. Viele Opfergelder der Wallfahrer und der frommen Bevölkerung um Haimhausen machten den Bau erst möglich. – 1735 wurde der Pfarrer von Haimhausen vom Freisinger Bischof beauftragt, die wundersamen Geschehnisse in einem Mirakelbuch aufzuschreiben. Bereits 1736 wurde die Genehmigung erteilt, dass in der Bründlkapelle die heilige Messe gefeiert werden dürfe. In den letzten Jahrzehnten wurde das Kirchlein von Grund auf renoviert und neu ausgestattet.

HAIMHAUSEN
Haimhausen und die Heimesage

Gerade an unseren Flussläufen, wie hier an der Amper, haben sich die alten Sagennamen besonders gut in den Ortsnamen erhalten. So findet man in dem benachbarten Ottershausen den Namen Authari wieder, der mächtigen Sagengestalt in der Autharisage.

In dem Ortsnamen Haimhausen lässt sich der Heime aus der Dietrichsage wiedererkennen. Die älteste Schreibweise »Heiminhusi« macht das noch deutlicher.

Hier können alte Zusammenhänge wachgeblieben sein an diesem wichtigen Amperübergang aus der großen Zeit der Völkerwanderung.

Um die ganze Sagenwelt aus dem altbayerischen und österreichischen Raum verstehen zu können, in die diese Figur des Heime eingebettet ist, muss man die älteste Fassung der Dietrichsage heranziehen. – Dietrich von Bern ist der geschichtlich nachweisbare Theoderich der Große (König der Ostgoten 471–526); bei »Bern« ist das heutige Verona anzunehmen.

In dieser Dietrichsage spielt Heime eine nicht unbedeutende Rolle. Er wird darin zwar der »finstere Heime« genannt, weil er immer finster »dreingeschaut« haben soll und auch meist unzugänglich war. Er kam aus dem Norden in das sonnige Welschland, also aus dem Land nördlich der Alpen. Sein Vater war ein Pferdezüchter. Als er einen Zweikampf mit Dietrich von Bern gewonnen hatte, nahm ihn dieser in sein Gefolge auf. Beide wurden Freunde. Heime schenkte Dietrich sein Pferd »Falke«, das sein Vater selber gezüchtet hatte. Von da an ritt Dietrich von Bern nur mehr auf diesem Pferd Falke.

In der Schlacht gegen die Heunen (= Hunnen), so erzählt die Sage, entwendete Heime das Schwert »Mimung« seinem Freund Witege, als dieser wie tot am Boden lag. Er gürtete sich dieses Schwert um, geriet in die Gefangenschaft der Heunen, wurde von diesen verschleppt, aber von seinen Freunden, darunter dem Sänger und Ritter Ilsung, der Rothers Brautfahrt besungen hatte, befreit.

An den Hof des Dietrich von Bern zurückgekehrt, musste Heime dieses Schwert seinem Besitzer Witege wieder zurückgeben; Dietrich verstieß nun wegen dieses Deliktes seinen alten Freund von seinem Hof.

Heime ritt heimwärts, dem Norden zu; er kam bis Jütland, wurde der Anführer einer Räuberbande; in einem Kampf dieser Räuberbande blieb er als einziger von seinen zwölf Räubern übrig; die anderen wurden alle erschlagen.

Darauf blieb Heime lange Zeit verschollen. – Nach seiner Rückkehr in den Süden trat Heime in den Dienst des Kaisers Ermerich (= Odoaker) mit der Bedingung, nicht gegen seinen alten Jugendfreund Dietrich von Bern kämpfen zu müssen. – In einem kleinen Gefecht erschlug nun Heime mit seinem Freund Witege den Getreuen des Königs Dietrich von Bern, Alphart; darauf kündigte Heime seinen Dienst bei Ermerich auf und führte seinerseits einen Kleinkrieg gegen den Kaiser.

Als Dietrich von Bern gegen die Hunnen zog, ging Heime wieder nach Norden, trat in das Kloster Wedinghausen bei Arnsberg ein und wurde Mönch. Nach seiner Heimkehr dann fand Dietrich ihn nicht mehr vor und machte sich auf die Suche nach ihm. Tatsächlich fand er ihn und begab sich mit Heime zusammen wieder nach Bern zurück.

Beide alten Freunde verbrachten nun noch viele erlebnisreiche Tage miteinander. Sie unterweisen die Jugend der Amelungen (Ostgoten) im Speerwerfen und im Führen des Schwertes. Oft saßen sie allein beisammen in der Königshalle und erzählten sich gegenseitig aus ihrer gemeinsamen Vergangenheit. Bisweilen besuchten sie auch die alten Stätten in Bern (Verona), um dort die Erinnerung an ihre ruhmreiche Jugend wieder wachzurufen und wachzuhalten.

Eines Tages hörte Heime, dass fern in den Nordbergen ein ungeheurer Riese wohne, noch riesiger als die, die er in seiner Jugendzeit bezwungen hatte. Da erwachte in Heime noch einmal die Abenteuerlust; er nahm Abschied von Dietrich von Bern; dieser ließ ihn nur ungern ziehen. – Nur eines gewährte er seinem alten Freunde,

Dietrich von Bern: Er dürfe ihn rächen, falls er im Kampfe sein Leben mit dem Riesen einbüßen würde.

Heime zog nach Norden und fand auch tatsächlich den Riesen in seiner gewaltigen Höhle. Er weckte den schlafenden Riesen. Aus Zorn darüber, dass Heime ihn so unsanft geweckt hatte, erschlug der Riese den Heime mit einer gewaltigen Eisenstange.

Dietrich von Bern wartete nun seinerseits die Zeit ab, die er mit Heime vereinbart hatte, wenn er von ihm nichts mehr hören sollte. Dann brach Dietrich nach Norden auf, suchte den Riesen und fand ihn auch in der Höhle, in der er Heime erschlagen hatte.

Da erschlug Dietrich den Riesen. Er hatte seinen Freund Heime gerächt.

Hallertau
Woher der Name »Holledau« kommt

Als Kaiser Ludwig der Bayer (reg. 1314–1347) mit seinem Ritterheer bei Ampfing stand, wusste er nicht recht, ob er die feindlichen Truppen seines Vetters, Friedrichs des Schönen von Österreich, sofort angreifen sollte oder nicht. Es fehlten noch die wegen ihrer kriegerischen Tapferkeit und Kampfeslust berühmten Ritter von Au.

Da gab Kaiser Ludwig den Befehl: »Sofort holet d'Auer, dann ist uns der Sieg gewiss!«

Die Auer Ritter kamen mit ihrer ganzen Gefolgschaft; die Schlacht bei Ampfing am 28. September 1322 hatte begonnen. Wie Löwen drangen die Ritter von Au vor und nahmen Friedrich den Schönen von Österreich gefangen.

Kaiser Ludwig der Bayer war des Lobes voll über die tapferen Auer; er gab ihnen zu Ehren ein großes Fest- und Freudenmahl. Nach einiger Zeit besuchte der Kaiser Au. In seinem Trinkspruch auf die Auer Ritter, die ihm so sehr geholfen hatten, soll er den Spruch wiederholt haben, den er kurz vor Beginn der Schlacht bei Ampfing getan hatte: »Holet d'Auer!«

Seither heißt nun die Gegend um Au herum »d' Holledau!«

Hebertshausen
De Dirn haot 's Ross zammdruckt

So habn d' Leit de Gschicht no vozählt: Z' Hebatzhausn is amoi a Dirn gwen. De haot oiwei gwoant und gflennt. Sie haot gwisst, dass a Drud gwen is und oiwei des beste Stuckl Viech im Stoi haot druckn müssn, bals es packt haot.

Da is's wieda amoi üba sie kema und sie haot des beste Ross im Stoi druckt, des da Baua ghabt haot, bei dems eigstandn gwen is. Sie haot des Ross aa so zammdruckt, dass varrecka haot müssn. Bald drauf is aa de Dirn gstorbn; vielleicht is aa dadruckt worn vo oana, de no stierka gwen is wia sie. Aba nix Gwiss is ma nia net inna worn drüba.

Hilgertshausen
Der Heiliberg

Zwischen Hilgertshausen und Neuried liegt der Herrnberg, vom Volksmund »Heiliberg« genannt. Östlich der sogenannten »Koanznkapellen« stand in alter Zeit eine Raubritterburg. Ihre Bewohner verbreiteten Angst und Schrecken. Sie überfielen die Wanderer und die Bauern, die Fuhrleute und die Reisenden.

Viel sprach man in jenen Tagen über die ausgelassenen Zechgelage der Raubritter. Wild und gottlos soll es zugegangen sein. Eines Tages hatten die Räuber einen guten Fang gemacht und begannen ausgiebig mit einem Zechgelage zu feiern. Die Stimmung war gerade auf dem Höhepunkt, die gottlosen Lästerungen am lautesten und aus einer Ecke schallte noch ein ruchloses Lied durch die Halle, als es plötzlich im Gebälk krachte und ächzte. Niemand nahm davon Notiz. Da krachte es erneut im Gebälk der Halle und ein paar Schindeln fielen in den Innenhof. Das hatten die Raubritter nun bemerkt. Aber es steigerte nur noch ihre Ausgelassenheit, glaubten sie doch, ihre gottlosen Scherze würden selbst Mauern zum Lachen bringen. Plötzlich rumorte es im Keller, ein Donnern erschütterte die Halle. Fast unmerklich bewegte sich die Mittelsäule, auf der das Dach der Halle lag. Die ganze Halle stürzte zusammen und begrub Mann und Maus unter sich. Auch der Boden gab nach und innerhalb kürzester Zeit war die ganze Burg versunken. Nichts regte sich mehr. Ruhe und Frieden waren wieder im Land eingezogen.

Nur nachts zur Geisterstunde gehen all diese verdammten Seelen um. Sie finden wegen ihrer Untaten keine Ruhe und stets um Mitternacht hebt ihr lautes Schreien von Neuem an. Ist die Geisterstunde vorbei, endet auf dem Heiliberg der Spuk.

HIRTLBACH

Der Teufel in der Mettennacht

Gleich hinter Hirtlbach, am steilen Hang zum Moos hin, ist sommertags allerlei Wild zu Hause. Es gibt aber einen Tag im Jahr, an dem ein ganz Besonderer dieses Wäldchen aufsucht. – Wenn alles voller Feierlichkeit sich anschickt, die Mitternachtsmette in der Christnacht zu besuchen, wenn alles an die weihnachtliche Liebe und die frohstimmenden Geschenke denkt, dann bereitet der Teuflische ebenfalls seine Geschenke an die Menschen vor. Sein herbes Locken ist seit Menschengedenken bekannt. Man spricht nie darüber; man weiß es aber genau. Dort nämlich, am steilen Hangwäldchen, zieht der Teufel ein. Sein Gespann wird von zwei Ochsen gezogen. Er selber sitzt obenauf mit einer langen Peitsche. So treibt er sein seltsames Gefährt den Hang hinunter, gerade auf den Sumpf zu. Jeder weiß es, und doch keiner sagt ein Wort. Die Vorbereitungen für den mitternächtlichen Gottesdienst laufen ruhig und festlich gestimmt ab. – Wenn dann alle Türen aufgemacht werden und die Familien in Gruppen zum Kirchhügel schreiten, muss jeder mit sich selber ausmachen, ob er nicht doch dem Locken des Satans folgen möchte. Die Glocken vom hohen Turm der Pfarrkirche von Hirtlbach läuten einladend feierlich, dort aber, vom Walde, ergeht ebenso eine süße Werbung an die arme Seele. – Wer dann im Dunkeln abbiegt, den Weg übers Feld einschlägt und dem Lockruf des Teufels nachgeht, um den ist es geschehen. Je näher er dem Walde kommt, um so lauter wird das Werben des Bösen und der sündige Mensch hat die Mette vergessen. Kommt er dann zum Teufel, sieht diesen auf seinem mit Gold vollbeladenen Ochsengespann sitzen, ist seine Seele schon fast verloren. Dann braucht er nur mehr den Pakt mit dem Teufel mit seinem eigenen Blut zu unterschreiben und bekommt als Lohn all das Gold, das hier aufgeladen ist. Seine Seele aber ist für immer verloren.

Bis heute ist noch kein Fall bekannt geworden, dass einer auf diese Art und Weise seine Seele verkauft hätte. Ein jeder weiß – und bei aller

Der Heiliberg

Kälte, Schnee und Eis, läuft es einem kalt über den Buckel hinunter –, dass der Vermaledeite mit seinem Gold dort unten im Moos hockt. Die Kinder werden den kurzen Weg den Kirchhügel hinauf fest an die Hand genommen und manchmal schaut einer auch ängstlich um sich, ob noch alle beisammen sind und keiner vom Weg abgewichen ist. Es geht dann ein unmerkliches Aufatmen durch die Kirchengemeinde, wenn die schwere Kirchentüre hinter dem letzten zuschlägt und alles im lichten Kirchenschiff sitzt. Laut und feierlich erklingt dann das Weihnachtslied »Stille Nacht, heilige Nacht«, das den Bewohner des Abgrundes wieder hinabfahren lässt für ein weiteres Jahr, in dem er keine Macht mehr hat – bis auf diese eine Nacht.

Hirtlbach
»Des is a ganz a schlechts Zoacha«

»Des is a ganz a schlechts Zoacha gwen«, sagt man bei uns, wenn etwas Außergewöhnliches passiert, das man sich mit normalem Sinn nicht erklären kann und von dem man glaubt, es zeige oder melde ein darauf folgendes Ereignis an.

So »a Zoacha haots am Himmifahrtstaog aa z' Hirlbao gebm«, erzählte mir der Pfarrer Lamprecht von Hirtlbach, »da Lampe«, wie ihn die Leute liebevoll nannten.

Der Brauch, an Christi-Himmelfahrts-Tag die Aufnahme des Gottessohnes in den Himmel szenisch darzustellen, ist schon im 15. Jahrhundert nachzuweisen. Früher fand dieses Aufziehen des Heilandes nach dem Hochamt während des Absingens der Non statt. Bläser und Orgel stimmten kräftig mit ein und halfen dabei, diese bildliche Darstellung möglichst feierlich und unter größter Lautstärke zu vollführen. – Nach dem »Auffiroalln« (Hinaufziehen) warf man aus dem »Heiliggeistloch« brennende Feuerscheite herunter, schüttete Wasser nach, und dann folgten »Azymas« (ungesäuerte Brote). Anstelle der brennenden Holzscheite verfertigte man öfter scheußliche Fratzenbilder, die den Teufel darstellen sollten, zündete sie an und warf sie in den Kirchenraum, zwischen die Betstühle hinein, zwischen »Mannerleit- und Weiberleit-Seiten«. Damit wollte man das Herrenwort bildlich darstellen (Luk. 10/18ff.): »Ich sah den Satan wie einen Blitz vom Himmel fallen.« Der darauffolgende Wasserguss, der dieses Feuer wieder zu löschen hatte, sollte das »Wasser des Lebens, das vom

Himmel fiel«, darstellen, wie es weiter bei Lukas heißt: »Doch nicht darüber sollt ihr euch freuen, dass euch die Geister untertan sind; freut euch darüber, dass eure Namen im Himmel aufgezeichnet sind!« Es muss früher ein großes Spektakel gewesen sein, wie man eben in Altbayern an solchen spielerischen Darstellungen seine Freude hatte und nach wie vor hat.

Da zog man bis in die 1980er Jahre in der Pfarrkirche zum heiligen Valentin in Hirtlbach am Christi-Himmelfahrts-Tag während der Mittagsandacht den »Auferstandenen« bis zum Heiliggeistloch hinauf. Der Auferstandene verschwand zwischen zwei Engeln, die ihn gleichsam aufnahmen und dann unsichtbar machten. – »Aufgehoben gen Himmel«, heißt es dazu in der Heiligen Schrift, und in der Apostelgeschichte wird der Vorgang genau beschrieben: »Eine Wolke nahm ihn vor ihren Augen hinweg, und als sie ihm nachsahen gen Himmel fahren, standen bei ihnen zwei Männer in weißen Kleidern.«

Da ist am 6. Mai 1948, dem Himmelfahrtstage, etwas ganz Außergewöhnliches passiert. Beim Hinaufziehen des Auferstandenen, als dieser gerade zwischen den beiden Engeln, die am Plafond der Pfarrkirche angebracht waren, verschwunden war, stürzte »wie ein Blitz« einer der Engel herunter, mitten in den Gang zwischen Mannerleit- und Weiberleit-Seiten hinein. Zum Glück wurde niemand verletzt. Aber die Leute meinten und raunten sich zu: »Des is a ganz a schlechts Zoacha! Werd da Engel woi obakem sei, wei er eppad oan hoin wui!« Und es war auch wirklich so, dass der herabgestürzte Engel einen geholt hat, der es selber nicht geahnt hat, und zwar den Pfarrer selber, der am Abend des gleichen Himmelfahrtstages, etwa um Viertel nach neun, an seinem Schreibtisch sitzend, zusammensank und für immer das Zeitliche segnete; er hatte das Irdische mit dem Himmlischen vertauscht. Der Engel, der heruntergefallen war, hatte ihn zu sich hinaufgeholt.

HOHENKAMMER

Vom Hacklmo

Während in unseren Tagen die Glonn schnell und geschäftig ihre Wasser der Amper zuschickt, hatte sie es früher weniger eilig. In zahlreichen Windungen besah sie sich damals den weiten Talgrund, schaute einmal an den sonnigen Südhängen nach dem Hopfen und kam dann wieder auf die Gegenseite zurück. Manchmal schien sie etwas vergessen zu haben; dann kehrte sie schnurstracks gleichsam um, überlegte es sich wieder und plätscherte alsdann lustig ein Stück talwärts. Bei solchen Gelegenheiten entstand eine Flussschleife, die der Volksmund schlicht und einfach »an Hackl« nannte. Das Stück Land innerhalb eines solchen Hackls glich einer Insel, auf die nur eine schmale Landbrücke führte, die selbst aber auf dem Wasser zu schwimmen schien. Der Boden schwankte und zitterte, wenn man darüberging.

Ein wenig westwärts von Hohenkammer, nahe der Ortschaft Herrschenhofen, machte die Glonn einen besonders großen Hackl. Heute noch führen die dort liegenden Wiesen die Bezeichnung »im Hackl«. Da gab es vormals Erlen, Birken, Korbweiden, Pfaffenhütl und mannshohes Schilfdickicht. Ringsum leuchteten die gelben Blüten der Wasserlilien und die violetten Sternchen des Bittersüß. Kuckucks- und Pantoffelblumen waren büschelweis zu finden. All die Pracht konnte jedoch keines der vorbeikommenden Kinder vom Kirchweg weglocken, denn bei den unheimlichen Kopfweiden in einer schwarzen, tiefen »Gumpn« hauste der gefürchtete »Hacklmo«. Der hatte tellergroße Glotzaugen, grüne Haare, lange, dicht behaarte Arme und einen entsetzlich breiten Mund. Manche Leute behaupteten, dass er statt der Haxen einen schuppigen Fischschwanz habe.

Vor vielen, vielen Jahren, als noch die Herren von Kammer auf Schloss Hohenkammer Besitzer dieses weiten Landes waren und die umliegenden Wiesen und Wälder, das Wasser samt den Fischen, die Häuser mitsamt den Bauern ihr eigen nannten, gab es – wie halt überall auf der Welt – so auch im Glonntal einige Spitzbuben. Einer von ihnen war der Khrezer Florl von Mittermarbach. Der lustwandelte, wie man damals sagte, oftmals mit einer langen Stange, die oben in drei scharfen, eisernen Zacken endigte, entlang der Glonn, vorbei an den Gumpen, in denen die prächtigsten Fische standen, die man sich nur denken konnte; auch »beim Hackl« kam er vorbei. Ab und zu stieß er seinen seltsamen Spazierstock blitzschnell ins Wasser, und wenn dann rein zufällig ein respektabler Fisch daran zappelte, konnte der Florl gewiss nichts dafür.

Einst begab es sich, dass der Schlossfischer beim Hobelsetzen im benachbarten Eglhausen war, das ja weit glonnabwärts lag. Der Florl konnte umso ungehinderter seinem Handwerk nachgehen. Dabei kam er auch zur schwarzen Gumpn »beim Hackl«. – Plötzlich zitterte er vor Aufregung. Sein Herz schien vor Freude still zu stehen, denn zwischen dem grünen Geschling auf dem Flussgrund glaubte er einen riesigen Hecht zu erkennen. Der Florl gewahrte zwar nur den mächtigen Kopf mit den talergroßen Augen, aber schon zuckte sein Spazierstock in die kühle Flut.

Leider war alles nur ein böser Spuk, den ihm der listige Hacklmo vorgaukelt hatte. Kaum hatte der Florl nämlich zugestoßen, da packte der Wassergeist dessen selbstgebastelten Dreizack. Ein Ruck vom Wasser her – und der Fischdieb stürzte kopfüber in das dunkle Wasser der Glonn. – Der Hacklmo hatte aber den Florl anscheinend nur »derschreckn« wollen, denn es gelang diesem, sich ans Ufer zu retten und im Schutze der einbrechenden Dunkelheit, wenn auch tropfnass und am ganzen Leibe zitternd, nach Mittermarbach heimzuschleichen – und unbemerkt beim Hintertürl hineinzuwischen.

Zu allem Unglück fand der Schlossfischer anderntags den Hut des Florl – und, was noch viel schlimmer war, den seltsamen Spazierstock. Es dauerte darauf gar nicht lange, bis der herrschaftliche Amtmann von Hohenkammer, Herr Christoph Probst, von dieser Sache Wind bekam. Wie es dem nun gelungen ist, ausgerechnet den Florl der Tat zu überführen, ist nicht überliefert. Aber daran trägt gewiss der »Hacklmo« Schuld, dass noch heute in einem Verhandlungsprotokoll des Patrimonialgerichtes von Hohenkammer folgender Schlusssatz zu lesen ist: »Florian Khrezer von Mittermarbach, des verbotenen Fischens erwiesen, 2 Tage in den Stockh und zahlt 2 Pfund Regensburger Pfennige.«

Hohenried

Der Mesner von Hohenried

Dem Mesner von Hohenried fuhr einmal ein richtiger Schrecken in die Glieder. Mitten in der Nacht, man weiß es heute nicht mehr genau, war es im Sommer oder im Winter, läuteten plötzlich die Kirchenglocken. – »Ja, zum Teufel, was ist denn jetzt wieder los, so mitten in der Nacht!«, dachte sich der Mesner und rumpelte gach von seinem Strohsack in die Höhe, rannte, nur mit seinem Nachtgewand angetan, zum Hause hinaus und sah zur Kirche hinüber, die nur wenige Schritte von seinem Mesnerhäusl entfernt stand. »Was ist denn los? Wo brennt's denn? Wer läut' denn?«, schrie er in die finstere Nacht hinaus. Da war auch schon das Läuten verstummt. Nur ein paar Glockenschläge klangen noch nach. Wer sollte denn jetzt, mitten in der Nacht, hier in der abseits gelegenen Kirche auf dem Berg die Glocken läuten? Wenn man das unten im Dorf gar für einen Alarm gehalten hätte! Beunruhigt stapfte der Mesner zur Kirche, um nach dem Rechten zu sehen. Als er das eiserne Tor zum Friedhof öffnen wollte, da hätte es ihn aber bald umgerissen, denn in diesem Augenblick trabte ein Schimmel ohne Kopf zur hinteren Kirchentür hinaus, sprang über die Friedhofsmauer und schon war er in der Finsternis verschwunden. Da machte der Mesner auf dem Absatz kehrt und lief, so schnell er das mit seinen alten Beinen konnte, so wie er war, den steilen, winkeligen Weg zum Dorf hinab. »Nachbar, hilf!«, schrie er vorm ersten Kammerfenster und vor noch ein paar anderen. – Mit einigen Männern, die wohl auch das seltsame Läuten gehört hatten und es sich nicht recht erklären konnten, hastete er wieder den Berg hinauf zur Kirche.

Den Schimmel fanden sie nicht mehr, der war auf und davon und wurde auch nie wieder gesehen. Nur seine tiefen Spuren im feuchten Wiesengrund, die zum nahen Wald hin führten, konnten sie noch verfolgen.

Hohenzell
Über Nacht grau geworden

Diese Geschichte ist schon sehr alt, aber nicht so selten, denn Ähnliches muss öfters vorgekommen sein. Als sich diese Begebenheit abspielte, muss es zwischen Kiemertshofen und Hohenzell noch dichten Wald gegeben haben. Doch davon weiß heute niemand mehr etwas.

Es war einmal ein Bauer aus Hohenzell, der dazumal in Kiemertshofen einen Handel gemacht hatte. Wie das so üblich ist, beschloss er das Geschäft mit einem ausgiebigen Trunk. Dabei war Stunde um Stunde vergangen. Die Zeiger der Uhr rückten schon gegen zwölf, als er sich endlich auf den Heimweg machte. Die langen Faltenstiefel knirschten, als er schweren Schrittes so dahinstapfte. Er war ein recht übermütiger Mensch und so auch noch zu dieser späten Stunde zu jedem rauen Scherz aufgelegt. Da hörte er nicht weit entfernt ein seltsames Krächzen. »Graab – graab«, rief es immer wieder. Dem übermütigen Wanderer juckte das Fell und recht »gschert« brüllte er ins tiefe Holz: »Warst früher varreckt, oaft warst net so graab worn!« Sein Ruf verhallte im Wald, Stille war eingetreten. Hurtig schritt er weiter, innerlich lachend über seinen groben Spruch. Aber er hatte kaum ein paar Schritte gemacht, als ihn ein paar saftige Ohrfeigen ins dichte Unterholz warfen. Bessere Watschen hätte auch er nicht auf Kirchweih einem herunterhauen können – und davon verstand er etwas.

Als er am anderen Morgen seine paar Haare mit vieler Mühe und großer Sorgfalt kämmen wollte, sah er in den Spiegel. Da fasste ihn das Entsetzen: Über Nacht waren seine Haare ganz grau geworden.

INHAUSEN
Der Schimmel gab ihm das Zeichen

Seit jenem denkwürdigen 5. Dezember Anno 1323 irrte Arnold der Nasenlose von Massenhausen rast- und ruhelos durch die weiten Wälder seines Besitzes, der sich von Inhausen über Weng bis Aiterbach erstreckte. Als herzoglicher Pfleger und Richter hatte er auf seiner Burg zu Kranzberg seine Ehefrau, Elisabeth von Greifenberg, auf dem Scheiterhaufen verbrennen lassen. Aus blinder Eifersucht beschuldigte er sie, die Ehe mit seinem Vetter, Engelmar von Massenhausen, gebrochen zu haben.

Auf einem schweren Schimmel ist er landauf und landab geritten. Dem Rascheln der Blätter und dem Knistern und Knacken des dürren Geästs lauschte er nach, wenn die harten Hufe seines Pferdes darüber gingen; dem Flüstern des Windes und dem Ziehen der Wolken träumte er nach, immer darauf bedacht, ob ihm der Himmel nicht eine Botschaft brächte, wie er Sühne leisten und Verzeihung erlangen könnte.

Der fürchterliche Fluch der in den Flammen erstickenden Frau verfolgte ihn: kein männlicher Nachkomme aus dem Geschlecht derer von Massenhausen sollte mehr zur Welt kommen! Die Schwurhand seiner Gattin Elisabeth, die bei der Hinrichtung nicht verbrannt war, ging ihm nicht aus dem Sinn. Bei der heiligen Messe konnte er die Hostie nicht mehr sehen, sondern es erschienen ihm nurmehr die drei ausgestreckten Finger der Schwurhand seiner Frau. All das bedrückte ihn schwer und verzweifelt grübelte er darüber nach, wie er den Mord an seiner Frau sühnen könnte. Auf so einem Ritt, er kam aus dem Dachauer Moos und war auf dem Weg nach Inhausen, stolperte einst sein Schimmel. Arnold glaubte, sein Ross hätte eine Kniebeuge gemacht – und der Platz auf dem er stünde, wäre heilig.

Da gelobte er, an dieser Stelle eine Kirche zu Ehren Unserer Lieben Frau erbauen zu lassen. Sie ist im Laufe der Jahrhunderte eine Wallfahrtskirche geworden, die nur leider heute etwas in Vergessenheit geraten ist. Ein anderes Mal hatte Arnold der Nasenlose das gleiche Erlebnis mit seinem Schimmel in Weng und ein weiteres Mal geschah es bei Johanneck. In Weng entstand die herrliche St.-Georgs-Kirche und in Johanneck wiederum eine Kirche zu Ehren Unserer Lieben Frau. Sowohl in der Kirche zu Weng als auch in der zu Johanneck fanden seit dieser Zeit Wallfahrer in großen und kleinen Nöten ihre Zuflucht und Erhörung. Bereits der Stifter hatte hier ein Zeichen des Himmels erhalten.

Noch heute künden Votivbilder von der Glaubenszuversicht der Wallfahrer aus vergangener Zeit.

JESENWANG/KOTTGEISERING

Das Gespenst im Meringer Wald

Der große Wald, der sich zwischen Jesenwang und Kottgeisering ausbreitet, hieß früher Meringer Wald. Durch ihn führte ein alter Fahrweg, den man benutzen musste, wenn man von einer Ortschaft zur anderen kommen wollte.

Ein Kottgeiseringer Bauer hatte im nahen Jesenwang eine Handelschaft. Darnach kehrte er beim »Posthalter« ein, um den gelungenen Ausgang seines Geschäftes etwas zu begießen. Sein munteres Erzählen und sein bäuerlich derber Humor gefielen den »Iasawangern« recht gut, und man trank mehr, als es fürs »Durschtlöschen« allein notwendig gewesen wäre.

Auf seinem Heimweg durch den stockfinsteren Meringer Wald kam ihm auf einmal der »Hoimann« unter. Viele Leute vor ihm hatten ihn schon zwischen »Iasawang« und »Khoadgaising« gesehen, wie er mit müden, schweren Schritten durch den tiefen Wald schlich und einen schweren Stein mit sich herumschleppte; man vernahm sein Keuchen, wie wenn er einen Brustschaden hätte, und sein unverständliches Gemurmel, aus dem man herauszuhören meinte: »Hoi, hoi, hoi – wo soi 'n itzt hidoa?«

Niemand hatte bislang eine Anwort darauf gewusst, jeder hatte sich gefürchtet, mit dem unseligen Gespenst in Berührung zu kommen. Dieser beherzte Bauer aber von Kottgeisering, dem das Bier die

Das Gespenst im Meringer Wald

Zunge etwas mehr gelöst hatte, sah diesen »Hoimann« geradewegs auf sich zukommen, sah ihn, wie er einen schweren Grenzstein mit sich herumschleppte, hörte ihn keuchen und ständig murmeln: »Hoi, hoi, hoi, wo soi 'n itzt hidoa?«

Da wusste dieser Bauer eine schlagfertige Antwort: »Ja, traog 'n halt wieda dahi, wost 'n hergnomma haost!«

Und das war das erlösende, richtige Wort, auf das der wandernde, schleppende, keuchende und murmelnde Geist so lange schon gewartet hatte, um befreit zu sein von seinem ehemaligen Grenzsteinfrevel.

»Vagelt's God!«, soll das Gespenst noch gesagt haben, »du hast mi dalöst! – Woaßt, i han an Grenzstoa vasetzt; itzt haob i so lang rumsucha müaßn, bis mir oaner gsagt hätt, dass 'n i dao wieda hidoa müssat, wor i 'n hergnomma hätt. – Nomoi recht an Ehr Vagelt's God!«

Da verschwand der Geist und ward seither nie mehr gesehn.

Das Verrücken oder Versetzen von Grenzsteinen war und blieb schon immer eine heimtückische Form des Diebstahls; gerade in den Zeiten, als es noch keine Landvermessung gab, war dieses Verbrechen kaum nachweisbar; es wurde aber aus Habsucht, Geiz, Übelwollen und Boshaftigkeit vielfach geübt und war entsprechend gefürchtet.

Solche Grenzsteinverrücker, Grenzpfahlversteckter oder »Übermarcher«, alle diejenigen, die zu ihren Lebzeiten die »heilige Eigentumsgrenze« zu ihrem Vorteil verändert haben, finden sich nach ihrem Tode als unruhige, unerlöste Geister wieder; sie haben keine Ruhe, bis sie die von ihnen verrückten Grenzsteine wieder an ihre ursprüngliche Stelle zurückgebracht haben.

In der Sage findet die Erlösung der unerlösten Seele dadurch statt, dass ein Lebender auf ihre Klage hört, auf ihre Frage, wohin der versetzte Grenzstein wieder hingesetzt werden soll, antwortet und das erlösende Wort spricht: »Dorthin, wo du ihn hergenommen hast oder ihn geholt hast!«

Diese Hoimänner-Sagen gibt es vor allem in den Landkreisen München-Land, Starnberg und Fürstenfeldbruck, nicht bekannt sind sie in den Landkreisen Dachau und Freising. – Im Landkreis Erding heißen die Hoimänner »Houmänner«, im Chiemgau »Heomänner«, in der Oberpfalz »Hoimann« oder »Hüamann«. Diese Bezeichnung rührt daher, dass man den Ruf des Hoimannes mit »Hoi, hoi, hoi« oder ähnlich zu hören glaubt.

Jexhof
Der »boarisch Hiasl« beim Jexhof

Der »boarisch Hiasl« (Matthias Klostermayr, 1736–1771), dem der Boden unter den Füßen zwischen Krumbach, Jettingen, Epfach und Irsee zu heiß wurde, da die Gendarmen den Ring um ihn und seine Räuberbande immer enger schlossen, verzog sich auf einmal mehr östlich in das verträumte Ampertal bei Schöngeising. Das dürfte so um das Jahr 1770 gewesen sein.

In der Nähe des einsam gelegenen Jexhofes befand sich an der Amperleite entlang und inmitten der sogenannten Mühlhart das »Kuchelholz«. In einer geräumigen Höhle, die schon früher Räuberbanden als Unterschlupf gedient hatte, schlug der Hiasl mit seinen Kumpanen vorübergehend Quartier auf.

Hier nahm er zunächst dem Klosterüberreiter – dem Jagd- und Forstaufseher – mit seinem Gehilfen einfach die Waffen ab; diese konnten ihm also schon nicht mehr schaden. Dann stöberte er eine große Herde Wildschweine auf, wählte die besten Stücke unter ihnen aus, zwang den Wildhüter, der sie zu füttern hatte, diese ausgesuchten Tiere besonders gut zu mästen und ließ sie in seiner Höhle braten. Dabei ließ er den armen Teufel von Wildhüter noch zuschauen, ohne ihm auch nur einen einzigen Zehnterling zu überlassen. Erst als es dem Hiasl auch hier zu gefährlich wurde, da sich Soldaten und Gendarmen in großer Zahl konzentrierten, floh er kopfüber und musste dazu noch seine ungeheuren Schätze in ihrem Versteck zurücklassen.

Diese hatte er in einer hohlen Tanne im Kuchelholz vergraben. Da sie nun herrenlos geworden waren, verfielen sie dem Teufel, der sie nur zu gerne in Verwahrung nahm. Immer wieder haben Schatzsucher sie zu heben versucht; doch vergeblich. Sie sollen immer tiefer und tiefer versunken sein; vielleicht sind sie mittlerweile schon in der Hölle angelangt.

Kleinberghofen
Die Helena von Kleinberghofen

In Kleinberghofen lebte, wie die Leute sagen, um die Wende vom 19. ins 20. Jahrhundert eine alte Frau im Hüthaus, die Helena hieß. Sie war zeit ihres Lebens ledig geblieben. Sie hätte auch wohl nie zum

Heiraten getaugt. Sie war, wenigstens in ihren alten Tagen, nicht mehr recht im Kopfe.

Eines Tages kamen die Buben ganz verstört nach Hause. Sie hatten sich den bösen Spaß erlaubt und der Helena, wie sie es öfter schon gemacht hatten, ans Fenster geklopft. Heute aber war dieses Fenster nicht aufgerissen worden und die keifende Stimme der Helena hatte ihnen nichts Unverständliches nachgeplärrt. Da waren sie näher ans Fenster herangegangen, um ins Stübchen hineinsehen zu können. Der kalte Schreck erfasste sie: Die Helena hatte sich am Fensterriegel erhängt. Das blaue, aufgedunsene Gesicht hatte zum Fenster herausgesehen mit großen, blutunterlaufenen Augen und wirren Zügen; die Zunge hing dick und verquollen übers Kinn. Um den dürren, langen Hals hatte sie den Strick, der ihre Ohren nach vorn geschoben hatte.

»Die Helena hat sich erhängt!«, gings wie ein Lauffeuer durchs Dorf. Neugier und Entsetzen ließen jedem die Ganshaut auffahren. Aber noch ein anderer Schrecken plagte die Männer. Es ging das Gerücht herum, dass, wenn man einen Erhängten im Friedhof zur ewigen Ruhe bestatte, es in der kommenden Zeit hageln würde.

Draußen standen die Felder mit reicher Frucht. Der Roggen blühte. Leise schunkelte er im Wind. Und dort der Weizen. Saftig dunkelgrün leuchtete er vom sonnenbeschienenen Hang. Auch das Obst hatte gut angesetzt. Und das alles sollte vernichtet werden? Der Pfarrer würde sicher eine Ausrede finden und schöne Worte »von den Armen im Geiste« daherreden und die Helena dann mit Sing und Sang und Weihrauch im Friedhof mit allen Ehren eingraben.

Alles verlieren? Die Arbeit eines Jahres zerschlagen lassen? Wenn es bloß ein Mittel gäbe, das Unheil abzuwenden.

Jawohl, ein Mittel gäbs wohl! Nur Mut, Schneid gehörte dazu und Maulhalten müsste man können!

In einer der kommenden Nächte schon schlichen vier Männer durch die hintere Tür ins Armenhäusl, nahmen den Leichnam der Helena aus dem Sarg und schütteten dafür Sand und Steine hinein. Die Tote aber verscharrten sie im benachbarten Fenihölzl.

Wenige Leute gingen am nächsten Tage hinterm Sarg her, als der Pfarrer die vermeintliche Helena beerdigte. Vielleicht hatte einer der Viere nicht ganz dichtgehalten, vielleicht war es auch nur Vermutung, auf alle Fälle ging schon nach wenigen Tagen im Dorfe das Gerücht herum, dass im Sarge gar nicht die Helena wäre, dass der Pfarrer Sand und Steine mit Weihwasser besprizt hätte, dass unerhörter Frevel geschehen wäre, dass man die heiligen Handlungen verspottet hätte und dergleichen mehr. Es wäre gar nicht so schlimm gewesen, wenn nicht der Herr Pfarrer mit dem Gendarm so getuschelt hätte, das eine über das andermal auf den Friedhof gezeigt hätte und dann ins Fenihölzl hinübergeschaut hätte.

Auf alle Fälle scharrten die Viere die Helena wieder aus, trugen sie ins Steighölzl und gruben sie dort wieder ein.

Es wollte aber keine Ruhe mehr werden im Ort. Man munkelte schon ganz offen, dass demnächst eine Gerichtskommission erscheinen würde, die den Sarg wieder ausgraben ließe.

Da tranken sich die Viere nochmals Mut an, holten die Helena neuerdings, obgleich es sie schüttelte vor Grausen, nachdem der Gestank so furchtbar war, und legten sie nun endgültig in den Sarg im Friedhof, der ein- und ausgesegnet worden war.

Niemand störte sie, keine Spur blieb zurück. Selbst der Mond hatte nichts bemerkt. Tief hinter Wolken steckte er und alle Geräusche verschluckte der Sturm, der um die hochgelegene Kirche jaulte.

Gehagelt hat es auch nicht in diesem Jahre. In den beiden Hölzern, im Feni- und im Steighölzl, aber wollen ängstliche Gemüter dann und wann ein Licht gesehen haben. Dann hieß es im Dorf: »Die Helena geht um!« Davon kann aber niemand Schaden nehmen.

KLOSTER INDERSDORF

Der barmherzige Maroldus

Etwa im Jahre 1132 ist Maroldus als Laienbruder in das Augustiner-Chorherrenstift eingetreten. Vierzig Jahre lang versah er mit großem Eifer, heiliger Einfalt und inniger Andacht seinen Dienst in Küche und Keller des Klosters. Oft musste er nach Straßbach auf den Meierhof des Klosters, in dem das Siechenhaus und die Pilgerherberge eingerichtet waren. Im Konvent lebte man nicht in Armut. So blieb auf dem Tisch immer reichlich Wein und Brot übrig, das Maroldus zusammentrug und dann den Armen und Siechen auf den Meierhof brachte. Unterwegs ruhte er immer an einem Bildstöckl des Gekreuzigten zum Gebet aus.

Doch eines Tages erwartete ihn dort der Propst Heinrich. Maroldus erschrak heftig. Der Propst sah ihn streng an und sagte: »Was trägst du, Bruder, in deinem Korb? Muss ich dich dabei sehen, wie du unser

Kloster bestiehlst? Wehe dir, dass du so schwer sündigst! Gestehe dein verbotenes Tun ein, öffne deinen Korb, damit ich mich mit eigenen Augen überzeugen kann!«

Maroldus hatte vor Schreck und Entsetzen geschwiegen. Seine Einfalt gab ihm keine schnelle Widerrede in den Mund. Er stotterte recht Ungereimtes und Widersprüchliches, sodass Propst Heinrich nur noch böser wurde. Dieser riss den großen Korb an sich und öffnete ihn. Fein säuberlich eingepackt fand er nebeneinander nur Späne und Lauge. Das verwunderte den Propst sehr. Glaubte er doch, im Korb Brot und Wein vorzufinden. »Was willst du mit diesen Spänen und der Lauge auf dem Meierhof, Bruder Maroldus?«

»Vater Propst, … ich … vergib mir … aber … den Kranken will ich … die Lauge zum Säubern der Siechen und die Späne fürs Feuer bringen, Vater. Verzeih mir mein Tun!«

Der Propst wusste nicht so recht, was er davon halten sollte. »Bruder Maroldus«, sprach er beruhigend auf ihn ein, »was regt dich so auf? Hab ich dir Unrecht getan, so nimm es nicht schwer, da deine Unschuld ja vor unseren Augen steht. Was ist mit dir?«

»Vergib mir, Vater Propst. Ich habe gesündigt und gefehlt«, brachte der verstörte Maroldus hervor. Der Propst fragte nun selber etwas verwirrt: »Was musst du gestehen? Was fehlt dir?«

»Herr, der Korb, … sein Inhalt hat sich gewandelt. Ein Wunder ist geschehen«, antwortete Maroldus. Propst Heinrich war nun seinerseits ganz betroffen, seinen Laienbruder in einer solchen Verwirrung zu sehen. Dann gestand Maroldus seine Verfehlung ein, die er für die Kranken und die Siechen begangen hatte. Der Propst verstand jetzt die Gutherzigkeit des Laienbruders und gestattete ihm, nun immer etwas für die Siechen mitzunehmen, wenn er nach Straßbach ginge. Nach einem Jahr starb der selige Maroldus plötzlich während des Gebets vor der Bildsäule des Gekreuzigten und verblieb so, kniend und mit erhobenen Händen, wie ihn der Tod überrascht hatte. Im gleichen Augenblick läuteten die Kirchenglocken des Klosters und hörten nicht eher auf, bis die Mönche den toten Bruder vor der Bildsäule fanden. Sie legten den Entschlafenen in einen Sarg und führten ihn in einer feierlichen Prozession heim ins Kloster. Dort wurde er dann unter großer Beteiligung der Bevölkerung in der Kirche vor dem Altar des heiligen Augustinus zur letzten Ruhe gebettet.

Noch heute erinnert ein Marterl an der Straße nach Straßbach an den seligen Bruder Maroldus.

Kollbach
Die verschwundene Glocke von Kollbach

Auf dem Lande sah es überall dort, wo im Dreißigjährigen Krieg die schwedischen Soldaten durchgezogen waren, zum Erbarmen aus. Im Gericht Dachau schätzte man am Ende des Jahres 1633 die Anzahl der noch lebenden Bürger und Bauern nur mehr auf den dritten Teil der ursprünglich hier beheimateten Bevölkerung.

Von den Dorfbewohnern in Kollbach sollen nach dem großen Einfall der Schweden im Jahre 1632 nur noch drei Einwohner übriggeblieben sein. Auch diese sollen aber endlich »im Ellendt« zugrunde gegangen sein. Das »Ellendt« war ein Versteck in den weiten Wäldern, die sich um Kollbach hinziehen. Den Schweden ging immer ein schrecklicher Ruf voraus; sie hatten es auf alles abgesehen, was nicht niet- und nagelfest war. Auch die Kirchenglocken wurden von den Plünderern nicht verschont, deren Metall sie zur Herstellung von Kanonenkugeln dringend benötigten. Um nun die Glocken vor dem Feind zu retten, holten die Kollbacher, wie es auch anderenorts üblich war, diese vom Turm herunter und vergruben sie an einem geheimen Platz. Aber mit dem letzten Kollbacher, der im »Ellendt« zugrunde gegangen war, verschwand auch das Wissen um das Versteck der Glocken.

Eines Tages wetzte eine weidende Kuh ihr Horn an etwas Hartem. Da wurde man aufmerksam und stellte fest, dass es sich um eine der verschwundenen Glocken aus dem Kirchturm von Kollbach handelte. Die Freude war groß und man holte die Glocke »heim«.

Kranzberg
Der Fluch der unschuldig Verbrannten

Im Jahre 1323 war der Ritter Arnold von Massenhausen herzoglicher Pfleger zu Kranzberg. Ihm fehlte die Nase. Ob sie ihm schon von Geburt an abging oder ob er sie durch eine Verwundung während der vielen Fehden und Scharmützel, in die er zeitlebens verwickelt war, eingebüßt hatte, wussten auch die damaligen Chronisten nicht zu berichten. Die Zeitgenossen, um ein Spottwort nicht zu verlegen, gaben ihm jedenfalls den hässlichen Beinamen »der Nasenlose«.

Wegen dieser körperlichen Missbildung und Verunstaltung war

der Ritter sehr misstrauisch und argwöhnisch gegen alle geworden, die ihn umgaben. Er verfolgte jeden, der ihn nicht für voll nahm und nur scheel oder hämisch auf seine nichtvorhandene Nase blickte, mit seinem geifernden Hass und seiner vor nichts zurückschreckenden Wut.

Mit blinder Eifersucht peinigte er auch seine schöne, junge und fromme Gemahlin, die »Els, Herrn Ott des Greiffen von Greiffenberg am Amper-See Tochter«, die er im Jahre 1318 geehelicht hatte. – Ein Sohn Wilhelm war ihnen geschenkt worden, der damals bereits drei Jahre alt war.

Arnold hegte schon lange einen eifersüchtigen Verdacht gegen seine Frau Elisabeth wegen ihrer Zuneigung, ihres Mitleids und ihres Verständnisses für den Vetter ihres Mannes – Engelmar von Massenhausen –, der ein lediger Sohn des kurz vor 1323 verstorbenen Onkels von Arnold war. Engelmar von Massenhausen war nach einem Streit mit seinen Brüdern aus der Ehe seines Vaters Hiltprand mit der Gerburg von Weichs aus dem elterlichen Hause zu Massenhausen verstoßen worden und hatte Zuflucht auf der Burg seines Vetters gesucht und gefunden.

Arnold von Massenhausen war sehr viel unterwegs, sei es, um im Namen des Herzogs Recht zu sprechen, sei es, um die vielen kleinen Fehden zwischen den Großen und den Kleinen im Lande auszutragen. Auf die ständigen Vorwürfe, quälenden Nörgeleien und die blindwütigen Eifersuchtszenen hin beteuerte und beschwor Elisabeth ihre Unschuld immer und immer wieder. Sie bat um Einsicht und Erbarmen. Wenn schon ihr Gemahl nicht Vertrauen in sie habe, so solle er doch an seinen Sohn Wilhelm denken.

In der Wut auf seinen jungen Vetter Engelmar, in der ungezügelten Rachsucht gegen diesen und noch mehr in der blinden Eifersucht auf seine hübsche, junge Frau Elisabeth ließ sich Arnold jedoch nicht von ihrer Unschuld überzeugen. Als Richter und Pfleger zu Kranzberg verurteilte er seine eigene unschuldige Frau zum Tode. Am 5. Dezember 1323 wurde sie zusammen mit ihrem angeblichen Geliebten, Engelmar von Massenhausen, auf dem Scheiterhaufen oben auf der Burg Kranzberg verbrannt.

Als schon die Flammen aus dem Scheiterhaufen loderten und sie die Kleider der Elisabeth ergriffen hatten, beteuerte sie nochmals ihre Unschuld, mit letzter Kraft stieß sie in ihrer Verzweiflung und Todesnot einen Fluch aus auf ihren Mann und dessen Geschlecht: »Nie mehr soll einem Massenhauser ein Sohn geboren werden!« Damit erstickte und erlosch ihre unschuldige Stimme für immer.

Unter den verkohlten Holzteilen und der Asche der Verbrannten fand man noch die unversehrte Schwurhand der Elisabeth. Ihr Vater – Ott der Greif von Greifenberg – ließ sorgfältigst die Überreste seiner Tochter sammeln und sie in der Erbbegräbnisstätte zu Dießen am Ammersee der geweihten Erde übergeben.

Als am anderen Morgen der Ritter und bayerische Marschalk Arnold von Massenhausen der heiligen Messe in der Burgkapelle zu Kranzberg beiwohnte und der Schlosskaplan die Hostie bei der Wandlung erhob, sah Arnold diese nicht, sondern erblickte in den Händen des Geistlichen nur die ausgestreckten Schwurfinger seiner unschuldig verbrannten Frau Elisabeth. Von dieser Stunde an soll Arnold nie mehr die heilige Hostie bei der Wandlung gesehen haben, nur mehr die Schwurhand der Verbrannten.

Der Fluch der unschuldig in den Flammen gestorbenen Els ging tatsächlich in Erfüllung. Der Sohn Wilhelm von Massenhausen, der sich zuerst mit der Gräfin Petrisse von Preysing und nach deren Tod mit Agnes Ecker vermählt hatte, starb kinderlos.

Die Söhne seines Onkels Hiltprand von Massenhausen und von dessen Bruder, Heinrich von Massenhausen, starben ohne Nachkommen; die jüngeren Brüder Arnolds des Nasenlosen, Arnold der Jüngere und Friedrich, hatten nur Töchter; die beiden letzten Brüder Arnolds, Ulrich und Johann, waren Domherren zu Freising. – Zur Zeit der Verbrennung der Els im Jahre 1323 sollen noch neun männliche Namensträger der Massenhauser gelebt haben.

Arnold der Nasenlose von Massenhausen selbst hat zur Sühne für seine schreckliche Untat viele Kapellen gebaut; nachgewiesen sind nur die Elisabeth-Kapelle »zu Freising im Thumb (Dom), hinderst (ganz hinten) in der Kirchen zur rechten Hand«, (Hundt I/273) und die St.-Leonhards-Kapelle zu Dießen am Ammersee. Er hat die Pfarrkirche zu Massenhausen gestiftet und die Pfarrei von Giggenhausen 1350 nach Massenhausen »transferiert« (übertragen). Klöster hat er mit reichen Schenkungen bedacht, vor allem das Kloster Weihenstephan. – Zeitlebens hat er sein nie wiedergutzumachendes Unrecht eingesehen und dafür auch gebüßt.

Überall dort, wo sein Schimmel einen Kniefall gemacht haben soll, ließ er eine Sühnekirche errichten; so in Johanneck, in Weng und in Inhausen (vgl. dort die Sage »Der Schimmel gab ihm das Zeichen«);

alle drei Kirchen sind vom selben Typus; alle stehen in einer Geraden; man kann von einer Kirche zur anderen sehen.

Am zweiten Weihnachtsfeiertag des Jahres 1364 wurde er bei der Schleifung der Burg Arnbach im »Gew« (Gäu) bei Schrobenhausen von den einstürzenden Trümmern schwer getroffen und verbrannte bei lebendigem Leibe.

LANGENPETTENBACH

Die Schlange mit dem Krönlein im Hardt

Der Sage nach soll auf dem Hardt, einem hügeligen Gelände nordöstlich von Langenpettenbach, einstmals ein Schloss gewesen sein. Zuletzt lebten auf dem schon fast einer Ruine ähnlichen Schlosse drei adelige Fräulein.

Doch eines Tages versank dieses Schloss mitsamt seinen Bewohnern.

Nach langer Zeit kam ein armer, doch recht braver Knecht auf den Hardt. Plötzlich begegnete ihm eine Schlange, die ein zierliches, goldenes Krönlein auf dem Haupte trug. In ihrem Maul hatte sie einen goldenen Schlüssel. Sie richtete sich vor dem Manne auf und gab ihm zu verstehen, dass er sie erlösen könne, wenn er keine Angst zeige und kein Wort verlauten lasse. Die Schlange führte den Mann auf geheimnisvollen Wegen in das versunkene Schloss. Grässliches Geheule empfing ihn; doch er zeigte keine Furcht. Endlich kamen beide in den großen Saal des ehemaligen Schlosses. In der Ecke stand eine mit Eisen beschlagene Truhe. Der goldene Schlüssel passte dazu. In dem Augenblicke, als er aufzusperren begann, hörte der Knecht einen tiefen Seufzer. Vor ihm stand das erlöste Fräulein.

Zum Danke für die Erlösung schenkte sie dem Manne den großen Schatz. Mit diesem kaufte sich der Knecht einen großen Bauernhof. Man spricht vom heutigen Karlhof in Langenpettenbach, nahe beim Pfarrhof; dieser Hof gehörte einstmals zum Kloster Indersdorf.

Die Schlange mit dem Krönlein

LANGENPETTENBACH
Propst J. B. Sutor entging nur knapp der Ermordung

Nachdem das Kloster der Augustiner-Chorherren in Indersdorf im Jahre 1783 säkularisiert worden war, zog sich der letzte Propst, Johann Baptist Sutor, der diese Würde und diese Bürde von 1780 bis 1783 zu tragen gehabt hatte, auf seine ehemalige Sommerresidenz, dem späteren Pfarrhof von Langenpettenbach, zurück und wirkte dort, patriarchalisch und souverän wie ehedem, als Pfarrer von Langenpettenbach.

Eines Nachts war Raubgesindel in den Pfarrhof eingebrochen, um alles mitgehen zu lassen, was nicht niet- und nagelfest war. Die Bewohner des Pfarrhofs wachten durch den Krach auf. Nun schlugen die Räuber um sich und machten alles nieder, was sich ihnen in den Weg zu stellen versuchte. Dem verängstigten Propst gelang es gerade noch, sich in einem Kasten zu verstecken, bevor einer der Räuber die Tür zu seinem Schlafzimmer einschlagen konnte. Der Räuber fand bei seinem Eindringen das Bett leer, raffte alles an sich, was er herumliegen sah, hatte aber keine Zeit mehr, den Schrank zu öffnen, in dem sich der verängstigte Propst versteckt hatte. Nur so entkam Propst Sutor dem fürchterlichen Gemetzel.

LAUTERBACH
Die drei feurigen Rehböcke zu Lauterbach

Zum Schloss Lauterbach gehörten einst ausgedehnte, weite Wälder. Diese waren ein beliebtes Jagdrevier der Schlossherren.

Einst befand sich einer der Grafen mit seinen Knappen auf der Jagd. Sie durchstreiften die tiefen Wälder und Fluren, wobei die Hundemeute nur Kleinwild aufstöberte. Da ihnen kein kapitales Wild zu Gesicht kam, machte sich der kleine Trupp rechtzeitig auf den Heimweg, denn es dämmerte schon. Plötzlich verhielten die Hunde. Sie verharrten wie gebannt an einer Stelle. Der Graf preschte heran, die Waffe bereit. Da sah er zu seinem Entzücken drei friedlich äsende Rehböcke auf einer Waldlichtung stehen. Die drei Böcke hoben im gleichen Augenblick die Köpfe und starrten den schussbereiten Graf an. Der Graf schoss sofort und forderte auch die Knappen auf, seinem Beispiel zu folgen, um möglichst alle drei auf einmal zu erlegen. Als die

Geschosse die Rehe trafen, verwandelten sich diese plötzlich in drei wilde Männer. Zuerst waren alle wie erstarrt, dann aber kam Leben in die kleine Jagdgruppe, denn die drei wilden Gestalten griffen sie wütend an. Einer schwang eine wuchtige Keule, der andere zückte ein riesiges Schwert und der dritte schoss blitzende Pfeile ab. Die Hunde stoben, wie vom Teufel gehetzt, davon. Der Graf aber rief mit fester Stimme die drei unheimlichen Angreifer an und schoss auf sie, da sie auf seinen Anruf nicht stehen blieben. Im gleichen Moment verwandelten sich diese drei wilden Männer in leuchtende Tauben und flogen zum Himmel empor. Der Zauber war gelöst, der ihnen dieses Schicksal aufgezwungen hatte.

Tief betroffen verharrte die kleine Jagdgesellschaft. So etwas war noch nie geschehen. Erst ein paar beruhigende Worte des Grafen brachte wieder Bewegung in die verstörten Männer und sie ritten schweigend heim.

LAUTERBACH
Wie der Name »Hundt« entstanden ist

Abraham a Sancta Clara, der im Kloster Taxa am Ende des 17. Jahrhunderts als Wallfahrtsprediger gewirkt hat, schrieb in seinem Büchlein »Gack, Gack, Gack, Gack à Ga« die nachfolgende Geschichte auf: »Isenberts deß vornehmen Herrn und Grafen von Altdorff Ehegewidmete Fraw Gemahlin/mit Nahmen Irmentrud, ist eines glaubwürdig benachrichtigt worden/was massen ein armes Weib/unweit von ihrem Marckt mit drey Kindern auff einmahl seye genessen/und niderkommen/welche Geschicht ersterwehnte Adeliche Dame unartigen Vorwitz dahin bewogen,/dass sie selbst persöhnlich dise Kinder arme/und Kinderreiche Kindlbetherin besucht/besichtiget/doch auch gleich auß Antrib deß freventlichen Argwohns in folgende unbehutsame Wörter außgebrochen/dise seye ohne ferners nachforschen ein ungezweifflete Ehebrecherin/zumahlen nit möglich scheine/ehelich/und ehrlich auff einmahl drey Kinder zu bringen/verschulde demnach diser Schleppsack/dass sie in einen Sack gestossen/und versenkt werde.« (Es folgt ein Vergleich aus der biblischen Geschichte in barocker Ausmalung.) »Erfahren hat solche Straff vom Himmel nit in geringem Gewicht obberührte Gräfin von Altdorff/als welche nach Verlauff eines Jahrs in Abwesenheit ihres Herrn niderkommen/und zwölff frische/lebendige Kinder/lauter Knäbel auff die Welt gebracht/ umb Ursachen willen, weil sie der armen Tröpffin die drey Kinder so Ehrenrührisch verrupfte.« (Es folgt wieder eine pastorale Belehrung.) »Es hat gleichförmig abgedachte Fraw Gräfin sich versündiget/als sie die arme Haut wegen ihrer drey Kinder mit so leichtsinnigen Argwohn deß Ehebruchs beschuldiget, dahero der gerechte Gott mit gleicher Müntz erwidert/und ihre eygene Niderkunfft mit zwölff Kindern vermehret.

Nit wenig erschrocken ist dise Adeliche Dame ob solcher unerhörter Begebenheit/in Erwögung/dass zwölff Kinder auff einmahl zugebähren/in der Wahrheit nit Kinderbossen zu tauffen seyn/sie wünschte demnach inständig/dass solche Kinderehr lieber möcht auff eins/als auff zwölff stehen/gedächte beynebens auff alle Weeg/wie sie solche Wundergeschicht den Augen und Ohren ihres Herren Gemahel so dazumahlen abwesendt/und mit lustiger Jagd sich ergötzte/ könne verhüllen/und verdecken/warbey dann die alte Schlang keines Weegs mit ihren gifftigen Anschlägen gefeyert/zumahlen diser Fürst der Finsternuss auch die allererste Dama hinter das Licht geführet/also hat endlich dise ganß Gewissenlose beschlossen/ein Mutter zuseyn eines Kinds/und ein Mörderin der Ailffen/zu welcher Unthat sich hat brauchen lassen ein alte Kellnerin/so die ailff Kinder in einem Korb verborgen/unnd sie schon würcklich auff dem Weg geweßt/dise unschuldige Tröpfl in dem Fluss Schertz zu erträncken/dafern solches auch geschehen wär/hätte nothwendig der fluss seinen Nahmen auff Closter Art müssen verändern/dann solche unschuldige Kinder zu erträncken ja kein Schertz ist/der allwissende Gott aber hatt disem sündhafftn Vorhaben ein Rigl geschossen/unnd weißlichst angeordnet/dass eben der Herr Graff in Ruckkehr von der Jagd obbemeldter Alten auff dem Weg begegnet/unnd sie ernsthafft befragt/was sie in dem Korb hatte/deme dann dise gefaltete Lugendröscherin ohne Scheue geantwortet/sie trage dermahlen junge Hund/solche in dem Fluss Schertz zu erträncken/der Cavalier aber wollte in allweg dise hundische Brueth sehen/und durch würcklichen Augenschein erkennen/ob nit etwan einer möchte für einen Jagdhund tauglich zu gebrauchen sein/und jemehr das alte lastermaul solches gewaigert/ je inständiger brannte diser Graff den Korb zu eröffnen/auch endlich sein scheinbarer Ernst soviel vermöcht/dass sie offenhertzig alles bekennt/unnd die gantze Begebenheit mit gesambten Umbständen an Tag geben/auch die ayllf kleine Herzl nit ohne beederseyts ab sonderlicher Bestürtzung gezeigt/worauff der Herr Graff betrohlich/solche Kinder an einen gewissen Orth mit embsiger Obsorg zu erziehen/ beynebens aber der Frawen Gemahlin von allen disen im wenigsten nichts zu entdecken/unter Lebensstraff verbotten/nach deme nun dise Kinder durch sondern Göttlichen Schutz in gewünschter Gesundheit des sechste Jahr erreicht/hat der Herr Graff ein stattliches Panquet seinen hohen Stand und Verstand gemäß angestellt/darzu die gesambte Adeliche Freundschafft/mit beyfügen/dass er ihnen was wichtiges vorzuträgen hätte/höflichst eingeladen/wie dann gestalter massen alle erschinen/unnd neben den häuffigen Schüsslein und Bisslein/die fröhliche/freundliche/erfreuliche Lieb und Einigkeit/ als das süsseste Confekt mit bestem Wohlgefallen genossen/zu End der Mahlzeit lasset der Herr Graf die aylff junge Herzl in den Saal hineinführen/so allsamb in gleicher Kleidung/unnd Auffzug waren/ wie das zwölffte zu Hauß/ein Wunder war anzusehen/diß Dutzet der wohlgestalten Adelichen Engel/der Herr Graf richt sich in etwas auff bey der Tafel/unnd befragt mit ernsthaften Angesicht die anwesende Adeliche Verwandtschafft/was für einen Todt dann verwürckt habe jene Mutter/so da aylff Kinder auß disen ertränken wollen/ solche Wort waren nit anderst/als ein harter Donnerknall/welcher das vorhin zappelte Hertz der Frawen Gräfin getroffen/der gantze blaiche Zeiger in dem entfärbten Angesicht propheceyet sattsamb/ wie verstellt das einwendige Uhrwerk des Gemüths seye/dahero sie gantz krafftloß zu Boden gefallen/und bey den Füssen ihres Herren Gemahls mit flehentlicher Stimm umb gütliche Nachlass gebetten/ bekennt grundhertzig/dass sie sich an dem armen Weib freventlich versündiget/es seye aber solche ihre vorgenommene Unthat ihrer kindtlichen Leichtsinnigkeit zuzumessen/der Herr Graff auff allerseyts bittliches Ersuchen/verzeyhet ihr von Hertzen/und schribe solches mehrer zu ihren unreiffen Verstand/als einer angemaßten Bosheit/ bittet aber zugleich die gantze Adeliche Freundschafft/dass sie wegen solcher unerhörter Begebenheit hinfüro den Namen von Altdorff wollen verlassen/sonder zu ewigen Angedencken den Namen Hund tragen/welches dann sie sambtlich gut geheissen/und wird annoch in unterschiedlichen Ländern dergleichen Adel angetroffen/wie denn eben von disem hundischen Stammhauß herührte jener/mit deme solche Wundergeschichte sich begeben.«

Vom Untergang der Haldenburg

Mammendorf
Vom Untergang der Haldenburg

Am Westrand von Mammendorf erhebt sich der Haldenberg mit seinem abgeflachten Rücken. Im Mittelalter hatten hier die Grafen von Haldenberg ihre Burg. Wie lange diese hier stand, weiß man heute nicht mehr genau. Von ihrem Untergang aber erzählt man folgende Geschichte:

Eines Tages waren der Graf und die Gräfin von Haldenberg fortgeritten, um einer benachbarten Burgherrschaft einen Besuch abzustatten. Weil sich die Dienstboten den ganzen Tag über aber ohne Aufsicht wussten, wollten sie sich's einmal recht gut gehen lassen. Die Köchin wollte etwas besonders Feines für das ganze Gesinde kochen; sie versprach, Dampfnudeln zu machen. Derweil vertrieben sich die nichtstuenden Dienstboten die Zeit mit Geschichtenerzählen und allerlei anderen Späßen, die ihnen gerade einfielen. Auch die Köchin beteiligte sich eifrig an diesem kurzweiligen Tun und vergaß darüber ganz auf ihre Dampfnudeln, die schon auf dem Herde standen und bei denen man nicht übersehen durfte, wann sie zu pregeln (zu sieden) anfingen. Da waren sie schon angebrannt und hart wie Stein geworden.

Da packte einen jungen »Deanstbotn« der Übermut, und er meinte, »de Dampfnudeln taugn eh nur mehr zum Keglscheibn«. In der allgemeinen Ausgelassenheit fand dieser Vorschlag gleich volle Zustimmung. Mit Juchzen und Schreien ging's in den Burghof hinunter – und nun gab's ein lustiges Kegelspiel mit »dene Nudlbaunzn, de wia de Kegelkugln dahigflogn san«.

Aber dieses übermütige Treiben sollte nicht lange währen. Ein grobes Wetter zog herauf. Dunkle Wolken türmten sich über dem Maisachtal. Es wurde eigenartig still in der Natur. Auch die erst so ausgelassenen »Deanstbotn« verstummten. Es wurde allen angst und bang, denn sie merkten, dass sie wohl zu weit gegangen waren. Alle fürchteten das Strafgericht Gottes. Sie kam zu spät, diese Einsicht.

Die ersten Blitze zuckten hernieder, der Donner grollte allüberall. Ängstlich verkrochen sich alle im Haus, im Keller und in den Stallungen. Da gab es auf einmal einen fürchterlichen Krach und gleich darauf einen Donnerschlag. Die Haldenburg erbebte, der Grund öffnete sich zu einem weiten Schlund – und die Burg mit all ihren Leuten versank in der Tiefe.

MARIABRUNN
Wie die Muttergottes geholfen hat

»Nach aydlicher (eidlicher) Aussag und Bekanntnuß (Bekenntnis) vor dem Landrichter (zu Dachau) hat der 61-jährige Stephan Schlaierböck von Moching (Ampermoching) Holz gehackt (bei einem Wald, der Gerichtsschlag hieß – beim heutigen Mariabrunn) und aus einem kleinen Läckl (einer Quelle) einen Trunk getan, ist ihm der Bund an seinem in die 18 Jar lang gehabten Laibschaden alsobald weggefallen, und als er tags darauf nochmals getrunken hat, ist ihm gleich im Weggehen der gemachte Bund wieder, und zwar in drei Stuck zerbrochen, darbey vermerkend, dass sein Huets groß gewesener Laibschaden bis auf eine Faust kleiner worden, hat auch alle Schmerzen verloren.« So hat es uns der Leibarzt Seiner kurfürstlichen Majestät Ferdinand Maria, Franz Ignatius Thiermair, aufgeschrieben (1674). Das Ganze soll sich 1622 zugetragen haben.

Als der Stephan Schlaierböck diese wunderbare Heilung amtlich beurkunden ließ, wurde wohl der damalige kurfürstliche Geheime Rat und Pfleger zu Dachau, Georg Teissinger, auf die Wunderquelle aufmerksam. Bereits 1624 lässt Georg Teissinger »nächst Moching« (Ampermoching) im Gericht Dachau beim Brunnen, genannt Gnadenquell, eine Kapelle auf eigene Kosten erbauen, wahrscheinlich eine kleine Kapelle in unmittelbarer Nähe des Brunnens. Er stiftete zu dieser Kapelle am 11. März 1632 eine Wochenmesse. Der Text der Stiftung lautet:

»Ich, Georg Teissinger, der kurfürstlichen Durchlaucht in Bayern gehorsamer Rat und Pfleger zu Dachau, beurkunde und bekenne hiermit, nachdem ich mit gutem Wissen und Vorbedacht auch zumalen mit gnädigster Einwilligung Ihrer hochfürstlichen Durchlaucht, des Herrn Ordinari-Bischofs von Freising, eingeholet, transferiere (übertrage) ich sowohl dem jetzigen, als einem jeden inskünftig zu dieser meiner Stiftung rechtmäßig investierten (eingesetzten) Herren Benefiziaten besagte 900 Gulden und einen auf 1000 fl laufenden Landschaftsbrief (eine Art Hypothek), so den 11. März 1632 mir von der wohlgebornen Fräulein Caecilie Barbara, Freyin von Schlabater transferiert worden, wovon jeweils zu Reminiscere (2. Fastensonntag) dem jeweiligen Benefiziaten ein Interesse (Zins) von 45 Gulden auszuzahlen sind.«

Diese Urkunde ist ausgestellt worden am 30. November 1670,

von Georg Teissinger noch selber unterschrieben und von Stainheil gesiegelt, der zu damaliger Zeit schon Landrichter von Dachau war.

Das war der Anfang der Wallfahrt von Mariabrunn, die heute noch blüht.

Markt Indersdorf
Vom Schmederer-Kreuz

Indersdorf, im lieblichen Tal der Glonn gelegen, wie es die Gründungsurkunde des Klosters aus dem frühen 12. Jahrhundert nennt, war zu Ende des 19. Jahrhunderts eine recht beliebte Sommerfrische für die Münchner. Man stieg ab beim Steigerbräu, beim »Faber-Färber« im Markt und beim Klosterbräu drüben in Kloster Indersdorf.

Zu den ständigen Sommergästen zählte auch der junge Münchner Arzt Dr. Heinrich Schmederer. Nach einer recht ausgiebigen Brotzeit beim Klosterbräu ging Dr. Schmederer bei hochsommerlicher Hitze in die Glonn zum Baden – und ertrank zwischen der alten Glonnbrücke und dem Wehr. Die Glonn hatte seinerzeit vor ihrer Regulierung ganz gefährliche Gumpen, die einen starken Sog ausübten. Das Unglück ereignete sich am frühen Nachmittag und ging wie ein Lauffeuer durch den ganzen Ort, sodass es beim Bergen des Ertrunkenen viele Zuschauer gab. Der Sarg mit der Leiche blieb bis zum Abtransport nach München noch längere Zeit im Markt stehen. Seine Familie errichtete zur steten Erinnerung an diesen Unglücksfall das heute noch stehende »Schmederer-Kreuz«. Aber schon bald ging im Markt das Gerücht um: »Beim Schmederer-Kreuz spukts; er reigiert umananda.« Einmal soll der Geist des Arztes erschienen sein, ein andermal will man einen großohrigen Hund gesehen haben. Zumindest wurde den unfolgsamen Kindern mit einem feurigen Hund gedroht. Alt und Jung ging daher bei einbrechender Dunkelheit gar nicht gerne an der Unglücksstelle vorbei und die Kinder passierten auf ihrem Schulweg den »Schmederer« nur zu zweit oder in Gruppen. »Ich habe es nie erlebt, solange ich in Indersdorf zur Schule gegangen bin, dass jemand über die Einzäunung beim Schmederer gestiegen ist«, berichtete ein alter Indersdorfer.

NANDLSTADT

Das abgeschlagene Haupt

Am 24. Juni begeht die Kirche das Fest des heiligen Johannes des Täufers. Es ist der Namenstag der vielen Hansln in Stadt und Land, es sind die »Sommerhansl« gegenüber den »Winterhansln«, die ihren Namenstag am Fest des heiligen Johannes des Evangelisten am 27. Dezember feiern.

Seit dem Jahre 1386 besitzt Nandlstadt das Marktrecht. 1395 wird zu den zwei genehmigten Märkten am ersten Fastensonntag und am dritten Sonntag im November auch ausdrücklich das Recht »des Stockes (niedere Gerichtsbarkeit) und des Galgens (höhere Gerichtsbarkeit)« gewährt.

In diese erste Zeit des Nandlstädter Marktes fällt auch wohl die Wappenverleihung. Es liegt die Vermutung nahe, dass diese auf Kaiser Ludwig den Bayern zurückgeht, da ihm die »Holledauer« so sehr bei der entscheidenden Schlacht von Ampfing geholfen haben.

Die Johannisschüssel

Das Motiv des Nandlstädter Wappens heißt in der Volkskunde »Johannisschüssel«. Die älteste bekannte Johannisschüssel befindet sich im Germanischen Museum in Nürnberg; sie ist eine ausgezeichnete Arbeit aus »Linden-Nussbaumholz« aus Salzburg, um das Jahr 1380 anzusetzen. Vergleicht man das Wappen der Nandlstädter mit dieser Plastik, so findet man verblüffend ähnliche Züge, woraus das Alter des Nandlstädter Wappens bestätigt werden kann.

Der heilige Johannes der Täufer gehört mit dem heiligen Koloman und dem heiligen Alban zu den drei »kopflosen« Heiligen, die im Amperland verehrt werden. – Ursprünglich fehlte in keiner »Täuferkirche« die Johannisschüssel; man rief die Heiligen an, wenn man Kopfweh hatte samt all dem, was zu Kopfweh führen konnte (Heiratssorgen), nahm die Schüssel auf den Kopf und trug sie dreimal um den Altar herum. Dieser Brauch soll auch immer geholfen haben, wenn man das Seinige dazugetan hat.

Das Haupt der Geköpften

Im Laufe der Jahrhunderte hatte man in Nandlstadt nicht nur die Wappenverleihung vergessen und die Urkunde hierüber verloren, sondern man wusste auch gar nicht mehr, was das abgeschlagene Haupt auf der Schüssel bedeuten sollte. Das blutige Symbol wurde den Nandlstädtern immer unsympathischer. Es war die Zeit, da der Galgen auf dem Galgenberg nicht so recht ausreichen wollte und all die vielen Spitzbuben, die Rossdiebe und die Rosstäuscher und dergleichen »oadrahte Bazi« aus dem Schelmenlandl der Holledau nicht mehr verarbeiten konnte. Man musste sich einer rascheren Tötungsart bedienen; die Verbrecher wurden fortan, wenn der Galgen besetzt war, einfach geköpft.

Man übertrug das Symbol des abgeschlagenen Hauptes auf der Schüssel auf die Nandlstädter schlechthin, die ja mit ihren Schergen und Scharfrichtern leben mussten. All das war den Nandlstädtern natürlich denkbar zuwider. Sie baten nun den Herzog demütigst um die Abänderung ihres Wappens, das so blutig ausschaute und ihnen einen schlechten Ruf einbrachte.

Ihrem Ansuchen wurde auch stattgegeben; sie durften fortan eine Blume, die ihre Unschuld symbolisieren sollte, im Siegel führen, so wie eben die Moosburger seit dem frühen 14. Jahrhundert ihre drei heraldischen Rosen haben durften.

Erst aus dem »allerhöchsten Bescheid« ersahen dann die Nandlstädter, dass das abgeschlagene Haupt das des heiligen Johannes des Täufers darstellte, des frühen Patrons der Pfarrkirche, die auch eine Taufkirche gewesen war. Sie behielten von da an ihr angestammtes Wappen, das nun wieder einen Sinn hatte, wie eh und je.

NEUFAHRN

Der Hochaltar in der Wallfahrtskirche

Drei Themenkreise vergegenwärtigt die alte Wallfahrtskirche »zur heiligen Kümmernis« zu Neufahrn in ihrem Hochaltar: die wunderbare Legende der Auffindung des romanischen Kruzifixes, der Aufstellung und der verschiedensten Wunder; die Kümmernis-Legende um »St. Wilgefortis sive Liberata« und die Legende »vom Geigerlein mit dem goldenen Schuh«.

Das romanische Kruzifix

In der Mitte des Hochaltars steht die dreiviertellebensgroße Skulptur des aus Holz geschnitzten und bemalten gekreuzigten Christus aus der zweiten Hälfte des 11. Jahrhunderts. Der starke Einfluss der byzantinischen Kunst ist klar zu erkennen. Der gesamte Körper des Gekreuzigten ist bekleidet mit einer langen Tunika, dem ursprünglich von jedermann getragenen leinenen oder seidenen Leibrock, das Haupt ist mit einer Königskrone bekrönt. Infolge verschiedener Beschädigungen wurde das Kruzifix in späteren Jahren immer wieder überarbeitet, doch kommt der ursprüngliche Charakter des Kreuzes auch heute noch gut zur Geltung.

Die Legende, wie dieses so bedeutende und merkwürdige Kunstwerk ausgerechnet nach Neufahrn gekommen ist, erzählen uns die sieben auf Holz gemalten Andachtsbilder, von denen eines auf 1527 datiert ist. Die sieben Bilder stellen dar:

1. Die Auffindung des Kruzifixes. – Es schwimmt in der Isar aufwärts; einer der an der Isar bei Grüneck Holz fällenden Bauern schlägt mit der Axt darnach, um es herauszufischen. – Die Unterschrift auf dem Bild lautet: »Hier rindt das bilt her auf der yser, da haben yer etlich geholzt in de au bey mindering, hat ainer mit ainer axt daraufgeschlagen; da ist pluet heraus gerünen.«
2. Das Kreuz wird an Land gebracht. Eine Prozession, an deren Spitze ein Bischof schreitet, geht an die Isar und zieht es aus dem Wasser. – Die Unterschrift darauf lautet: »Hie kümbt der pischoff mit der process(ion) und erhebt das pilt.«
3. Das Kreuz wird auf den beiden vorderen Rädern eines Wagens von zwei Ochsen unter Begleitung der Prozession nach Neufahrn gebracht. – Die Unterschrift auf dem Bild lautet: »Hie legt der pischoff das pilt auf einen halbwagen und spannt zwen ochsen daran; die habens hergen neufarn gezogen.«
4. Die Holztafel erzählt die Heilung eines Lahmen und einer Blinden. Sechs Leute, unter ihnen ein Lahmer, verehren das Kreuz. – Die Unterschrift lautet: »Als palt das pilt her ist kumen, ist ainer plinten Frauen und krumpen mann geholfen worden.«
5. Die Darstellung zeigt, wie ein Mann das vom Kreuze herabrinnende Blut mit seinen Händen auffängt. – Die Unterschrift lautet: »Es haben ger zwen das pilt wellen aufrichten, hat der ain oben dar auffgeschlagen, da ist pluet herausgerunnen.«

6. Weiter wird erzählt, dass ein Maler dafür bestraft wurde, dass er das Gewand des Gekreuzigten statt mit einer grünen mit roter Farbe bemalt hat; er wird mit Blindheit geschlagen. – Die Unterschrift lautet: »Ain maler hat das pilt verkehrt in roth; als palts perait r(w)art er erplint.«
7. Der Maler gelobt nun, dem Rock die richtige Farbe wiederzugeben; deshalb erhält er das Augenlicht wieder. Die Unterschrift lautet: »Er verlobt erst wieder in sein vorersten gestalt zu machen; dann ist er wieder sechent worden.«

Als Jahr der Auffindung dieses merkwürdigen Kruzifixes nennt die Legende 1397, sodass man annehmen kann, dass der auf dem Gemälde dargestellte Bischof von Freising Berthold von Wehingen (1383–1410) gewesen sein könnte.

Die Kümmernislegende

»St. Wilgefortis sive Liberata 1661, hl. Jungfrau und Martyrin oder Kummernuß, bitte für uns!«, so steht es auf dem 1660 errichteten Hochaltar in der alten Wallfahrtskirche zu Neufahrn. Unter dem Einfluss der niederländischen Tradition fasste auch hier die sogenannte Kümmernislegende Fuß. In einem Messbuch zu Neufahrn aus dem Jahre 1487 findet sich diese handschriftlich auf der letzten Seite fixiert; von dem damaligen Kaplan Gregorius Hörll von Eching, der seinen Dienst in der Filialkirche zu Neufahrn zu versehen hatte, wurde der Text im Jahre 1607 erneut in ein Messbuch übertragen.

Schon der Name »Wilgefortis« ist eine Verstümmelung aus dem lateinischen »virgo fortis«, das so viel bedeutet wie »starke, tapfere Jungfrau«; »sive Liberata« könnte übersetzt werden als »oder Befreite«, das heißt von dem Zwang des Vaters befreite Jungfrau; das Wort »Kümmernis« erklärt sich aus dem flandrischen »commeria, Comera, Cumerana«, das heißt »heilige Hilfe«.

Wilgefortis soll angeblich die zum Christentum bekehrte Tochter eines noch heidnischen Königs aus Portugal gewesen sein. Sie hatte bereits die Jungfräulichkeit ihrem Herrn und Erlöser geweiht. Um nun nicht nach dem Willen ihres Vaters einem heidnischen Prinzen vermählt zu werden, erbat sie sich von Christus, ihm ähnlich zu werden, vor allem aber ihre Schönheit nach seinem Sinne zu zerstören. Es wuchs ihr ein langer, wallender Bart. – Als der sehr erzürnte Vater von ihrem Gelübde der Jungfräulichkeit und ihrer Bekehrung zum

Das romanische Kruzifix in der Wallfahrtskirche

Christentum erfuhr, ließ er sie kreuzigen, mit den Worten: »Wohlan, du sollst deinem Christus noch mehr gleichen!« Auf seinen Befehl wurde Wilgefortis in ein härenes Gewand gekleidet; nur die goldene Krone und ihre goldenen Schühlein durfte sie anbehalten. So nagelten die Folterknechte sie mit den Händen ans Kreuz, an dem sie unter grässlichen Schmerzen starb.

Die Legende vom Geigerlein

Aus der Legende von der heiligen Kümmernis leitet sich die Geschichte vom armen Geigerlein ab. Dieses Geigerlein kam eines Tages auf der Walz auch nach Neufahrn. Sein Weib und seine Kinder waren fast am Verhungern. Als dieser Bettelmusikant mit seiner Geige vor dem Bilde der Gekreuzigten in der Wallfahrtskirche zu Neufahrn stand, ergriff ihn tiefes Mitleid bei dem Anblick des Bildes.

»Wenn die gute Prinzessin Wilgefortis noch gelebt hätte, würde sie mir bestimmt helfen in meiner großen Not und Bedrängnis!« So stand er vor dem Gnadenbild, betete zu ihm hinauf und fing an zu geigen, das Beste, was er zu spielen vermochte.

Da löste sich einer der goldenen Schuhe und fiel dem armen Geigerlein direkt vor die Füße. Er bedankte sich herzlichst für diesen Gnadenerweis und ging schnurstracks zum nächsten Goldschmied, um seinen so wertvollen Schatz zu verkaufen.

Auf die Anzeige des Goldschmiedes hin ergriff man das arme Geigerlein als vermeintlichen Dieb, wo sollte er auch den goldenen Schuh herhaben; er musste ihn gestohlen haben. Man brachte ihn vor den König, der ihn als Dieb zum Tode am Galgen verurteilte. Nur eine einzige Bitte hätte er noch, meinte das Geigerlein; er wolle noch einmal vor dem Bildnis der heiligen Kümmernis geigen dürfen. Diese letzte Bitte wurde ihm gewährt.

Schon beim ersten Geigenklang fiel auch der zweite goldene Schuh dem armen Geigerlein vor die Füße. Da staunte das ganze gaffende Volk, das sich an dem Tode des armen Mannes belustigen wollte. Nun glaubte man dem Geigerlein die Geschichte von dem goldenen Schuh; er durfte beide goldenen Schuhe behalten, und man versorgte ihn und seine ganze Familie mit allem, was er zum Leben brauchte.

Niederroth
Du hast mich erlöst

Einem recht schneidigen Fuhrknecht von Niederroth, der von dort in die Stadt (München) fuhr, passierte es, dass sich auf einmal ein Lichtlein auf seine Pferde niederließ und eine ganze Weile mitfuhr. Da redete der beherzte Rossknecht das Lichtlein an: »Was willst du denn?« Darauf sagte das Lichtlein in die Finsternis hinein: »Wenn du wieder zur Kirche gehst, so lege ein schwarzes Band um deinen Arm!«

Als der Knecht am nächsten Sonntag die Bitte erfüllte und zur Kirche ging, legte er das schwarze Band um seinen Rockärmel, wie man das auch heute noch bei Beerdigungen tut. Während der Wandlung spürte er ein höllisches Brennen und da hörte er deutlich eine Stimme, die zu ihm sprach: »Vergelt's Gott tausendmal; hast mich erlöst. Ich künde dir dafür die Sterbestund an.«

Das hat sich auch wirklich erfüllt.

Niernsdorf
Der Schwarze Ritter von Niernsdorf

Die Nürenburg, von der der heutige Ort Niernsdorf seinen Namen ableitet, war einst eine wohlbefestigte Burganlage, deren Ursprung wohl auf die Zeit der Kelten und Römer zurückgeht. Beherrschend ist der Blick von dem ehemaligen Burghügel auf den alten Handelsweg aus dem Süden nach Nürnberg, die heutige Bundesstraße 13. Weithin schweift der Blick über das ganze Glonntal, das man von Indersdorf über Hohenkammer bis Allershausen überschauen kann. Diese uralte Befestigung mag wohl einmal den Übergang über die Glonn bei Hohenkammer beschützt und bewacht haben. Die Straße lief früher vom Taxenberg weg direkt durch das Dorf, das unterhalb der Burg liegt.

Zur Zeit der Raubritter hauste hier ein ganz übler Bursche, der nur »der Schwarze« hieß; so nannten ihn seine Spießgesellen und auch die, die ihn gar nicht so gerne sahen. Schwarz war nicht nur sein struppiger Bart und das krause Haar, das ihm in die kurze Stirn hineinhing, sondern ganz besonders seine Seele. Man fürchtete ihn mehr, als man ihn liebte.

Zog ein reichbeladener Kaufmannszug aus dem Süden nach dem

Norden, fiel auch schon der Schwarze über ihn her; wer nicht freiwillig reichen Zoll bezahlen wollte, hatte dies schwer zu büßen. Es gab dann nur den Kampf auf Leben und Tod. Der Schatz in der Burg wuchs im gleichen Maße wie das Sündenregister dieses Straßenräubers im Himmel.

Eines Tages fand man aber den Schwarzen tot über seiner Schatztruhe liegen; das schreckverzerrte Gesicht hing über den Truhenrand hinunter; die Augen starrten weit aufgerissen ins Leere. Der Teufel hatte ihn geholt, sagten alle; sein Maß war auch übervoll gewesen.

Seine ehemaligen Spießgesellen raubten alle Kostbarkeiten, die sich der Schwarze zusammengerafft hatte, nahmen alles mit, was nicht niet- und nagelfest war, steckten das Raubritternest in Brand, um die Spuren zu verwischen – und zerstoben in alle Winde.

Nur die schwere Eisenkiste, die mit blanken Goldstücken und glänzendem Geschmeide voll gefüllt war, blieb unberührt zurück. Von dieser Truhe weg war der Schwarze vom Teufel geholt worden. An sie wagte sich niemand heran. Ungeöffnet blieb sie in dem düsteren Kellergewölbe zurück.

Der Schwarze musste nun unerlöst als schwarzer Pudel mit zottigem Fell und tellergroßen Feueraugen durch die öden und verkohlten Mauern herumgeistern und seinen so unrechtmäßig erraffien Schatz in der Truhe hüten, bis einer vielleicht käme, ihn und seine schwarze Seele zu erlösen.

O<small>BERBACHERN</small>

Der Teufel als Geißbock

Der Pfarrer von Bergkirchen musste einmal zu einem Versehgang nach Oberbachern, das war eigentlich immer die Aufgabe des Kooperators gewesen, solange Bergkirchen einen solchen hatte. Diesmal war es aber der Pfarrer selber, der sich den mühsamen Weg durch den Wald nach Oberbachern bahnen musste. Da trat ihm der Teufel in seiner wahren unchristlichen Gestalt entgegen, ausgestattet mit allen Attributen, die dem Höllenfürsten zukamen.

Da nahm der Geistliche das Allerheiligste, das er in seiner Bursa um den Hals trug, hielt es dem Bösen entgegen, sodass ihm dieser nichts anhaben konnte. Angesichts des mitgebrachten hochwürdigsten Gutes wandelte sich der Gottseibeiuns und nahm die Gestalt eines

Geißbockes an, der sich im Schutz der Dunkelheit davontrollte. Die Geschichte ist schon sehr lange her, weil seit urdenklichen Zeiten zwischen Facha und Oberbachern kein Wald mehr ist.

OBERBACHERN
D' Erdmandln auf'm Troadbodn

Z' Bachern (Oberbachern) is amoi a Baua gwen, der haot oiwei was rumpen hörn auf seim Troadbodn obn. Wia'ra do aufgstana is und üba d' Stiagn auffiganga is vo seina Stubn aus, da haot er s' gseng und ghört, wias garbat ham – de Erdmandln – an seina Windmüi. 's Troad habns fleißi putzt und gschaufelt haobns, was 's Zeig halt und grad wuid is aufganga, wia wenns zahlt weradn für eahna Arbat.

Da haot er s' ogredt: »Ja, was teats denn es da? Wo kemmts denn es her? Ja, wer haot enk oft (denn) des ogschafft?« und wiar ma halt a so redt unte de Leit, de wo man kennt und mit dene ma 's Dischkriern ofanga mecht. Des hätt er net toa soin.

Auf oan Pfiff sans davo, nei untas Hei und unta d' Strah – und kemma sans nimma. Itzt haot er sei Troad wieda selba putzen müssn und hat si recht wolltlan gschundn dabei.

OBERHANDENZHOFEN
Vom feiringa Mo

»Mia ham amoi an Knecht ghaot, der war vo Welshof. Der Knecht haot wieda an Freind ghaot, der war Knecht z' Orthof.

Dao haots früra oiwei ghoaßn, dass ma an Allaseiln net zum Kammafensterln geh soit, dao waar da Teifi im Gspui. Des haot da sell Knecht scho gwisst, aba er haot si net dro ghaltn.

Er is also nach Handenzhofen umi zum Bleicha. Der haot a Dirn ghaot und zu dera wollt er ans Kammafensta geh. Dao haot er an Feldweg geh müssn, an dem is a Feldkreuz gstana, ziemlich nachat scho bei Handenzhofen hiebei; i glaab, des Kreiz steht heit no.

Wiara zu dem Feldkreiz hikimmt, dao haot 'n an feiringa Mo packt, haot 'n üba d' Schulta gnomma und glei im selben Augenblick haota 'n aa scho beim Bleicha über d' Hoachtenna awegschmissn – und dao is er druntn glegn, statt dass er beim Kammafensterln gwen waar.«

OBERZEITLBACH
Ein großer Hund mit dem Buckel von einer Katze

In Oberzeitlbach weiß man von einem großen Hund zu erzählen, der einen Buckel machte wie eine Katze. Die Geschichte war so: Wenn man früher nach München wollte und selber kein »Geiwagl« mit einem »Heita« dazu hatte, musste man bis Dachau zu Fuß gehen und konnte erst dann mit der Bahn weiterfahren, allerdings auch erst seit der Zeit, seit der es diese schöne Einrichtung gegeben hat.

Einmal waren gleich drei Männer auf dem Weg nach Dachau. Bald nach Mitternacht waren sie schon aufgebrochen und waren schon außerhalb Stetten, nach Dachau zu. Der Weg war gerade zwischen die Hügel eingeklemmt, da schrie einer plötzlich: »Da schaugt's her, mit ins laaft a schwarza Hund mit!« Die beiden anderen blieben erschrocken stehen und sahen um sich. Sie konnten aber keinen Hund sehen. Fast hätten sie gelacht, weil dem Rufer schier die Haare zu Berge gestanden sind und er große Schweißtropfen auf der Stirne hatte. »A ganz a großer Hund!« und an Buckel macht er wiar a Katz!«, stöhnte der wieder und stierte mit glasigen Augen ins Leere. Aber die beiden anderen sahen nichts und gingen ihren gewohnten Trott weiter.

Immer wieder sah der eine sich um und immer wieder lief ihm der »abscheiliche« Hund nach, der einen Katzenbuckel machte.

Nach einer halben Stunde endlich – es muss schon bei Webling gewesen sein – schnaufte er auf und seufzte erlöst: »Itzt is er endli verschwundn, der Teifi, der greisliche.« Es soll so zwischen drei und vier Uhr morgens gewesen sein.

ODELZHAUSEN
Die »Weiße Frau« im Schloss

In einsamen Nächten, wenn nur der Kauz seinen durchdringenden Schrei aus den Gewölben und von den morschen Dachbalken in die Nachtluft hinausruft, sieht man an den blinden Fenstern der Schlossruine (1937/38 abgebrochen) zuweilen die »Weiße Frau« kauern. Andere wollen sie in Schwarz gesehen haben, je nachdem, ob sie gute oder schlechte Kunde bringen sollte.

So berichtet die im Jahre 1924 in Odelzhausen verstorbene Frau Anna Seitz, dass der Schlossgärtner einst, als er gerade vom Wirts-

Der Hund mit dem Buckel einer Katze

haus heimkam, an einem der Fenster des weitläufigen Ganges eine schwarze Gestalt stehen sah. Er trat unerschrocken näher und erkannte in ihr eine Frau. Er rief zum Fenster hinauf und fragte in die Düsternis hinein, was sie hier suche. Da antwortete die schwarzgekleidete Frau nicht, stand auf und ging gemessenen Schrittes, ohne sich auch nur einmal umzusehen und auch nur einen Laut von sich zu geben, durch die nahegelegene Tür und verschwand. Am darauffolgenden Tag starb die Schlossherrin von Odelzhausen.

Wenn diese »Schwarze Frau« erscheine, müsse jemand aus dem Schloss am darauffolgenden Tag sterben, hieß es. Immer wenn sich die »Weiße Frau« zeige, sei ein freudiges Ereignis zu erwarten.

ODELZHAUSEN
»Den haot da Deifi in d' Höi neidruckt«

Das Odelzhausener Schloss gehörte in den Jahren 1837 bis 1846 Sophie Elisabeth Freifrau von Mettingh. Es muss ihr dort draußen, umgeben von den riesigen Wäldern, als geborener Frankfurterin gar nicht recht gefallen haben; sie hatte von vornherein schon, wie die Sage von der Entstehung des Ortes Sixtnitgern zeigt, kein Interesse an der dortigen Bevölkerung und verstand auch die Leute nicht in ihrer Lebensweise.

Nachdem sie schon vorher das Patrimonialgericht von Großinzemoos verkauft hatte, sprach es sich in Odelzhausen bald herum, dass sie auch ihren sehr großen Schlossbesitz aufgeben und verkaufen wolle.

Um nun dieses Schlossgut entweder ganz oder wenigstens in Teilstücken recht billig und möglichst rasch erwerben zu können, versuchte man, ihr diesen Besitz auf höchst fragwürdige Weise zu verleiden.

In Zusammenarbeit mit den Schlossverwaltern wies man ihr nach, dass sich das Gut nicht mehr wirtschaftlich rentabel halten ließe. Man machte ihr vor, dass es im Schloss umgehe, dass hie und da entweder eine weiße oder eine schwarze Frau erscheine – und half auch etwas nach, wenn das Gespenst von sich aus nicht »erscheinen« wollte. Man erzählte ihr, dass es in der Umgebung viele Räuber gebe, und sprach ihr »vo Langagern, wo de Diab zukehrn«.

Besonders der reiche Brembauer, Anton Bader, der seinen Hof gleich neben dem Schlossgut hatte und der sich ausrechnete, bei einer

Zerstückelung des Schlossgutes billig zusätzliches Ackerland erwerben zu können, verstärkte den Spuk im Schloss auf seine Weise noch ein bisschen. Er trat mit einigen Saufkumpanen auf, rumorte mit ihnen nächtlicherweile um das Schloss herum, schlug auch einmal ein Fenster ein, machte einen Fensterladen locker, sodass der im Winde ständig auf und zuschlug; ja, er soll sogar mit seinem Stutzen einmal in das Schloss hineingeschossen haben. Da trieb er es denn doch zu bunt. Dafür hat ihn aber auch der leibhaftige Teufel geholt; und das kam so:

Am 27. Juni 1874 wurde seine Tochter Katharina, die kurz vorher einen Militärarzt in Bruck geheiratet hatte, zu Grabe getragen. Sie hatte ihre Hochzeitsreise nach Rom angetreten, wurde dort vom Typhus befallen und starb zu Rom. Ihrem Wunsch gemäß wurde sie in die Heimat überführt und eben an diesem Tage auf dem Friedhof zu Odelzhausen beerdigt. Während nun der Sarg hinuntergelassen wurde, rührte ihren Vater, den Brembauer, der Schlag, er brach bewusstlos zusammen, wurde vom Grabe weggetragen und starb am 29. Juni um fünf Uhr früh, ohne das Bewusstsein wiedererlangt zu haben. Am 1. Juli wurde er neben seiner Tochter bestattet. Während seiner Aufbahrung in der altehrwürdigen Schlosskapelle gingen immer die Kerzen aus; es zog ganz merkwürdig um das Haus herum; Fensterläden knarrten unheimlich in der Nacht – und einige wollten auch die »Schwarze Frau« gesehen haben. Irgendwo fiel noch ein Schuss, ohne dass man sagen konnte, wo es gewesen wäre. Das Merkwürdigste aber passierte bei seiner »Leich«. Weil sich so viele Leute in den Friedhof drängten, weil sich einige auf die Friedhofsmauer stellten, andere von innen sich »oloanten« und wieder andere von draußen »zuwidruckten«, stürzte die alte Mauer ganz plötzlich ein, gerade in dem Moment, in dem der Sarg hinuntergelassen wurde.

»Den hoat itzt da Deifi no in d' Höll neidruckt!«, haben die Leute gesagt und sind recht beklommen von dannen gegangen, denn so etwas hatte es zu Odelzhausen noch nie gegeben.

OTTELSBURG
Die beste Milchkuh steht trocken

Es war selbiges Mal zu Ottelsburg. Wer nicht weiß, wo es liegt, der suche es östlich von Pipinsried und »beim Schern« heißt der Einödhof, der ganz beim Holz »hiebei« liegt.

Der alte Schernvater – Gott hab ihn selig – wohnte direkt beim Holz hiebei; er ließ es sich nicht nehmen, dass es auch in aufgeklärten Zeiten noch Hexen gäbe, obwohl ihn die nachgenannte Begebenheit eigentlich hätte eines Besseren belehren müssen.

Aufgeregt kam eines Tages der Schernvater zu seinem Nachbarn in Ottelsburg und erklärte, er habe die Hex im Stall. Der Nachbar glaubte dies nicht so recht.

Doch am nächsten Tage kam der Schernvater wieder händeringend und jammernd: »Meine einzige Milchkuh steht heute schon wieder trocken; das geht nicht mit rechten Dingen zu.«

In der Nacht wartete er im Hausgang auf die Hexe; diese erschien aber nicht. Trotzdem stand im Stall die Kuh wieder trocken. In seiner Ratlosigkeit lief er wieder zum Nachbarn. Dieser riet ihm, im Stall selber zu warten. Das getraute sich zwar der Schernvater nicht; es kam ihm aber der rettende Gedanke. Er bohrte in die Stalltür mehrere Löcher. Durch eines dieser Löcher schob er seinen Zwilling, durch die anderen beobachtete er den Stall.

Müde von der langen Warterei wollte er gerade einnicken, als er ein Geräusch hörte, das einem Saugen glich. Schon wollte er sein Gewehr abschießen, als er doch noch schnell einen Blick in das Halbdunkel riskierte. Die zweite Kuh, die kurz vor dem Kalben war und deshalb trocken stand, war die Ursache des Milchschwundes.

Da der Schernvater seinen Mund nicht halten konnte, machte diese merkwürdige Hexengeschichte in der Nachbarschaft schnell die Runde.

OTTMARSHART

Der Stier mit der Glocke auf den Hörnern

Unterhalb des Hofes »beim Veitbauern« zu Ottmarshart stand einmal eine Kapelle, nach der der Acker, auf dem sie stand, seinen Namen trug. Dieser Kapellenacker muss einmal ein Anger für den Viehaustrieb hinter dem Haus gewesen sein. »Zu meiner Zeit stand diese Kapelle schon gar nicht mehr«, berichtete der »Krimmer Schorsch«, der alte Veitbauer von Ottmarshart.

Die Geschichte aber von dem Stier, der mit einer durchlöcherten Glocke auf den Hörnern nach Hause kam, die erzählt man sich noch heute. Das war so: Der Stier muss beim Wühlen mit seinen

Hörnern einmal auf etwas Hartes in dem aufgeweichten Boden gestoßen sein. Das hat ihn gereizt weiterzuwühlen. Er stieß auf ein metallenes Ding, das er mit seinen Hörnern durchlöcherte, aufspießte und nach Hause brachte. Es war eine kleine Bronzeglocke, die dem Stier auf dem Kopf saß. Sie wartete lange im Pfarrhof von Indersdorf auf ihre Wiederherstellung. Ob diese Bronzeglocke wirklich von der kleinen Wiesenkapelle beim Veitbauernhof stammt oder aus Furcht vor Vernichtung oder Einschmelzung durch die Schweden im Dreißigjährigen Krieg Anno 1632 vom Glockenturm von Ottmarshart heruntergeholt und vergraben worden war, wie das in Kollbach und in Wiedenzhausen nachweislich auch der Fall war, lässt sich heute nicht mehr sagen.

Palzing

Die Lange Agnes

Im Ampertal liegt das kleine, schmucke Dorf Palzing mit seinem lustigen Zwiebelturm. Östlich davon, unmittelbar an der Straße nach Zolling, haben einst die Schmelzwasser der Eiszeit die lehmigen Hügel des Tertiärs schartig gefressen. Dunkle Fichtenwälder säumen diese Höhenzüge entlang dem Ampertal. Einer dieser Hügel, der ganz an die Straße heranreicht, heißt auch heute noch der Weiße Berg; der trug einmal eine frühgeschichtliche Burganlage, die vermutlich in den Ungarnstürmen des 10. Jahrhunderts zerstört worden ist. – Besonders im Frühjahr und im Herbst steigen von der Amper die Nebelschwaden empor, verfangen sich und verschwinden dann in den kleinen Quertälern, die sich die Amper entlangziehen.

Eine schaurige Mär wissen die bodenständigen »Baoizener« (Palzinger) zu erzählen: Vor urdenklichen Zeiten stand auf dem Weißen Berg eine gewaltige Burg. Hoch ragten das Herrenhaus und die gediegene Kemenate, das Frauengemach, aus dem trutzigen Mauerring heraus.

Agnes, die hochmütige und hartherzige Herrin, herrschte über die Burg und das weite Land, das sich vor ihr ausbreitete. Am liebsten saß sie im Sattel auf ihrem schwarzen Hengst und flog dann im Galopp über die saftigen Wiesen und die reich bestellten Felder. Auf der Burg führte sie ein sehr strenges Regiment. Ihre »Deanstbotn« – man konnte sie nicht einmal »d' Ehhalten« nennen, da die Burgherrin ledig geblieben war – mussten von früh bis spät in die Nacht hinein

Die Lange Agnes

schuften und werkeln. Sie hatten keinen Sonntag und keinen Feiertag; ihre Nahrung war schwarzes Haferbrot und klares Quellwasser.

Doch die Reichtümer der Agnes mehrten sich in den Truhen auf dem oberen Söller, und die klingenden Münzen quollen gleichsam aus den Schatullen. Der Friede aber, die Freude, das Singen und Juchzen waren längst aus den düsteren Mauern gewichen.

Gar mancher »Deanstbot« warf die Sense hinter sich, erbost über das maßlose Unrecht, das ihm widerfahren war. Doch die strenge Strafe folgte auf dem Fuße.

Die hartherzige Burgfrau ließ den Unbotmäßigen kurzerhand in ein Weinfass stecken und es vernageln. Dann rollte sie höchstpersönlich und mit einer teuflischen Wolllust dieses Fass den Weißen Berg hinunter, bis es von den Fluten der vorbeirauschenden Amper erfasst und fortgespült wurde. Lange trieb sie schon dieses grausame Spiel, bis auch sie die verdiente Strafe traf.

An einem schwülen, glühendheißen Sommertag zog eines jener im Ampertal so gefürchteten schweren Gewitter vom Westen her auf. Ein gewaltiger Sturm trieb die dunklen Wolkenbänke vor sich her und drückte sie gleichsam in das weite, offene Ampertal hinein.

Da – ein greller Blitzstrahl –, und im Nu stand die düstere Burg auf dem Weißen Berg in hellen Flammen. Die Dienstboten stürzten ins Freie; hoch oben am Söller aber stand wie versteinert die Lange Agnes, vom Feuer umzingelt und gefangen im eigenen Käfig. Laut rief sie um Hilfe; niemand rührte auch nur den kleinen Finger; man wollte sie auch gar nicht mehr hören. So fand diese hartherzige und grausame Frau ihre gerechte Strafe.

Tor und Turm, Herrenhaus und Kemenate, Söller und Scheunen – alles ist längst verschwunden. Sogar der Name der Burg ist in Vergessenheit geraten. Die Burgfrau aber, die Lange Agnes, hat bis auf den heutigen Tag noch keine Ruhe gefunden. Von der mitternächtlichen Geisterstunde an bis zum Tagwerden muss sie ein schweres Fass von der Amper her den Weißen Berg hinaufrollen, wie einst Sisyphus es ähnlich tun musste. Man hört ihr Ächzen, vernimmt ihr Stöhnen und spürt ihr Schnaufen. Doch nie erreicht sie die Höhe des Berges mit ihrer Last. Fast oben angelangt, entgleitet ihr das Fass und poltert den Berg hinunter an das Ufer der vorbeiziehenden Amper. Immer wieder muss sie ihr Werk von vorne beginnen, bis der erste Hahnenschrei die friedlose Seele zurückverbannt ins Reich der Unterwelt.

Pelka
Der letzte Pfarrer von Pelka

Die kleine Kapelle zum heiligen Georg, die heute so beherrschend auf den Weiler Pelka herniederschaut und den Blick auf die sich durch das Tal ziehende Bundesstraße 13, der ehemaligen Heerstraße von München nach Ingolstadt, freigibt, soll nur mehr das ehemalige Presbyterium der einst viel größeren Kirche sein. Der Bau stammt aus dem ausgehenden 15. Jahrhundert. Der Altar birgt eine gute St.-Georgs-Gruppe, die mit der Jahreszahl 1660 signiert ist. Der kleine Altarraum umfasst das Langjoch und den Schluss in fünf Seiten des Achtecks. Rechteckige Wandpfeiler nehmen die spitzen Schildbögen auf. Die Rippen des herrlichen Netzgewölbes ruhen auf Kragsteinen. Es ist ein wohlgegliederter und gut ausgeführter Innenraum. – Über dem Westgiebel befindet sich ein achteckiges Türmchen mit Kuppeldach aus dem ausgehenden 17. Jahrhundert.

Die Sage berichtet, dass im Jahre 1632, als die Schweden im April/Mai so verheerend, von Ingolstadt kommend, in unser altbayerisches Land einfielen, nicht nur die Klöster Indersdorf und Scheyern brandschatzten, sondern auch die vielen stattlichen und reichen Dörfer und die wohlhabenden Einzelhöfe, die ringsum, die breite Heerstraße entlang, im Ilm-, Glonn- und Ampertal lagen.

Es war ausgeschlossen, dass die brennenden, sengenden, raubenden und mordenden Horden der ungezügelten Soldateska das an dieser Durchgangsstraße liegende Dorf Pelka mit seinen sechsundzwanzig Hausnummern hätten übersehen können. Sie hausten hier so fürchterlich, dass kein Stein auf dem anderen blieb, ja, dass kein Lebewesen den nächsten Morgen überlebte.

Nicht einmal vor dem Gotteshaus auf dem kleinen Hügel, der aus dem Miltachtal herausragt, machten die Unholde halt. Sie beraubten die bestimmt nicht arme Kirche ihrer Kostbarkeiten und steckten sie in Brand.

Als die Flammen schon hellauf loderten und dichte Rauchschwaden gen Himmel stiegen, trug sich im Innern der Kirche etwas gar Seltsames und einmalig Wunderbares zu. Der greise Pfarrer stellte sich mit dem Allerheiligsten in der Hand den gierigen Mordbrennern in den Weg, wie auch den von der johlenden Soldateska entfesselten Naturgewalten. Da geschah das Wunder: Das Langhaus der Kirche sank in Schutt und Asche; die brennenden Balken des Dachstuhls stürzten in das Kirchenschiff und begruben es; die Fenster barsten entzwei; die Außenmauern sanken in sich zusammen und begruben alles, was darunter lag – die Bet- und die Beichtstühle, den Taufstein und den Weihwasserkessel – und all das, was fromme Gläubige hierher einmal geopfert hatten.

Nur das Presbyterium mit seinem aufrechten und gottesfürchtigen Verteidiger, der das Allerheiligste furchtlos in seinen Händen hielt, ob die Naturgewalten noch so wüteten, blieb unberührt stehen. Der greise Gottesmann stand noch so, als der kühle Nachtwind die verglimmenden Gluten zum Erlöschen brachte; er stand noch so, bis der Morgen einen neuen Tag ankündigte und die ersten Sonnenstrahlen versöhnend die dahingleitende Miltach vergoldeten wie eh und je.

Erst jetzt verließ der tapfere und unerschütterliche Pfarrherr von Pelka die Stätte seines jahrzehntelangen Wirkens, die Stätte des Grauens, gebeugt von der schweren Last des Unglücks, gedrückt von den Erlebnissen des letzten Tages und der vergangenen Nacht, geprägt von dem unsäglichen Leid, das er geschaut hatte. Niemand konnte sagen, wohin er gegangen war, niemand sah ihn mehr; das Dorf und das weite Land ringsum waren menschenleer geworden, verwüstet, zerstört und verbrannt. In den öden Trümmern der verkohlten Brandstätten hausten die durchziehenden Soldaten, drückte sich lichtscheues Gesindel der Landstraße herum, und die Tiere des nahe gelegenen Waldes zogen nächtlicherweile auf ihren neu angenommenen Wechseln durch die Ruinen.

Erst nach 1660 machten sich wieder zwei Bauern an der alten Straße ansässig, der »Pelka-Hansl« und der »Haberl« (Oberl); sie übernahmen auch die Pflege der St.-Georgs-Kapelle.

Pellheim

Der Schimmel ohne Kopf

Wenn man auf dem Weg von Pullhausen nach Pellheim geht, muss man durch einen Hohlweg hindurch, den man die »Mesner-Greppn« nennt. Weil der Wind sich in solch einer Greppn leichter fängt als sonst wo, weil der Schnee sich auftürmt zu »Gwahna«, sodass man leicht darin versinken oder stecken bleiben kann, weil es dort unheimlich ist, erlebt man da manchmal auch Dinge, die man sonst nicht merken, nicht sehen und nicht fühlen kann. So erzählt man sich auch von der

»Mesner-Greppn«, dass sich dort in besonders stürmischen, dunklen Nächten zur Mitternachtsstunde ein Schimmel ohne Kopf zeigt, der dem Wanderer so lange folgt, bis er wieder herauskommt aus diesem Hohlweg. Dann verschwindet der Schimmel ohne Kopf wieder so schnell, wie er gekommen ist.

Pipinsried
Die Gründungssage von Pipinsried

Als der Frankenkönig Pippin in der Zeit zwischen 742 und 746 seine Residenz in Freising auf dem Tetmons, wie ehedem der Weihenstephaner Berg geheißen hat, aufschlug, huldigte er sehr gerne der Jagd. Dieser Lustbarkeit stand vieles im Wege; nirgends bestand eine Möglichkeit, zu Mittag gut zu essen und nachts angenehm zu schlafen. Auch für die Begleiter war nicht gesorgt, ebenso wenig für die Hundemeute. Den Jägern ging es besonders schlecht, wenn ein Wettersturz hereinbrach und das kam sehr häufig vor, weil sich solche Jagden über mehrere Tage hinzogen.

Dem König fiel besonders auf, dass gerade die schönsten Gegenden Altbayerns öde und unbebaut waren. Darum ließ er nach und nach diese Plätze urbar machen, sorgte für ihre Besiedelung und ließ Meierhöfe sowie kleine Schlösser und Burgen anlegen. Überall benannte er die Siedlungen nach seinem Namen, so auch Pipinsried, das soviel bedeutet wie Rodungssiedlung, gegründet von Pippin. Gerade die weiten Wälder um Pipinsried und Altomünster, die sich bis Schiltberg und Aichach hinzogen, waren mit sehr viel Schwarz- und Rotwild besetzt. Ein weiterer Grund für die Anlage einer Siedlung an der Stelle des heutigen Pipinsrieds war sicher die günstige Lage an der alten Heerstraße, die Freising mit Augsburg verband. An dem Platz, an dem heute die Pfarrkirche steht, ließ Pippin ein Jagdschlösschen erbauen. Die Schlosskapelle weihte er dem heiligen Dionysius, dem Hausheiligen der Pippiniden. Das Schlösschen ließ er mit einer Mauer umgeben und davor einen Graben anlegen. Nächst dem Schloss wurde ein Gebäude aus Holz errichtet, das der Unterkunft des Jagdgesindes, der Reitpferde und der Hundemeute diente. An der Stelle des heutigen Pfarrhofs stand das Haus für die Jäger. Zur Sicherheit ließ Pippin vom Schloss aus einen unterirdischen Gang mauern und einwölben, der ursprünglich bis in den Wald bei St. Wolfgang führte.

Später muss dieser Gang für lange Zeit in Vergessenheit geraten sein. Erst 1665 wurde er wiederentdeckt. Der Gang begann in der Sakristei der Pfarrkirche und führte geradewegs hinüber zum Bauernschusteranwesen. 1729, zum letzen Mal 1909/10, stieß man wiederum auf diesen unterirdischen Gang.

Mit der Erbauung des kleinen Jagdschlösschens im Jahre 743 ging die Besiedelung der Gegend Hand in Hand. Pippin hatte allen, die sich hier ansässig gemacht haben, Grund, Boden und Bauholz aus seinem »Königswald« geschenkt und ihnen dazu ein »Freijahr« gewährt, das die Siedler von Pipinsried für diese Zeit von allen Abgaben befreite. Als erstes Haus soll das sogenannte »Pandocheum«, das Wirtshaus, erbaut worden sein, das lange für Pipinsried neben der Kirche das bedeutendste Gebäude war.

Pipinsried

Die Gründungslegende der St.-Wolfgangs-Kapelle

Zwischen Langenpettenbach und Pipinsried steht linker Hand am Waldesrand, eine Viertelstunde von Pipinsried entfernt, die St.-Wolfgangs-Kapelle. Ihre Entstehungsgeschichte ist in den Pfarrakten von Pipinsried verzeichnet.

Am 5. Mai 1613 begaben sich mehrere Pipinsrieder zur Feier der Translation (der Übertragung) der Gebeine des heiligen Wolfgang nach St. Emmeram in Regensburg. Von dort brachten sie Gebetszettel mit dem Bildnis des heiligen Wolfgang mit. Einer dieser Wallfahrer, so erzählt wenigstens die Legende, befestigte ein solches Bildchen in der Höhlung einer Fichte, die an der Stelle der heutigen Kapelle stand. Es geriet in Vergessenheit, bis beim Fällen dieser Fichte das Bildnis des heiligen Wolfgang herausfiel. Der Holzfäller hob das kleine Bild auf und brachte es dem Pfarrer von Pipinsried. Der Pfarrer meinte, der Holzfäller solle es auf den Hochaltar der Pfarrkirche in Pipinsried legen. Anderentags aber war das Bild weg; es fand sich auf dem Stock der gefällten Fichte wieder. Dieser Vorgang des Verschwindens und Sichwiederfindens soll sich zwei- bis dreimal wiederholt haben. Dieser Umstand, und vor allem, dass der Finder dieses Bildchens nach Anrufung des heiligen Wolfgang von einem langjährigen Leiden Abhilfe gefunden hatte, erregten großes Aufsehen im Volk. Das Bild hat man darum in die Vertiefung einer hölzernen Säule eingefügt, die dann an der Stelle der gefällten Fichte aufgestellt wurde. Seitdem hieß es »St. Wolfgang in der hl. Saul«. Weil aber der Andrang der Gläubigen mit ihren Gebresten zu dieser Gnadenstätte immer größer wurde, errichtete man über dieser St.-Wolfgangs-Säule zunächst eine hölzerne, mit Brettern und Baumrinde gedeckte Kapelle. Am 26. Oktober 1638 erteilte das fürstbischöfliche Ordinariat von Freising die Genehmigung zum Lesen der heiligen Messe in dieser ersten Kapelle. Es bildete sich eine Wallfahrt zum heiligen Wolfgang heraus.

Die großen Opfergaben der Gläubigen ermöglichten an der gleichen Stelle im Jahre 1693 den Bau eines stattlichen steinernen Kirchleins, das unter dem Indersdorfer Propst Georg Mall erbaut und von dem Freisinger Weihbischof Eustachius Eglof Freiherrn von Westernach am 6. Juli 1695 eingeweiht wurde. Die Kanzel von Franz Xaver Feichtmayr entstand 1746/47, Feichtmayr gestaltete auch den reichen Stuck. Der Hochaltar wurde im Jahre 1755 errichtet. Rings um das Kirchlein befanden sich Kreuzwegstationen; ein naher Hügel war der Kalvarienberg. Neben der Kirche bewohnte ein Klausner eine kleine Einsiedelei zur Pflege der Kirche und zur Unterrichtung der Schuljugend von Pipinsried.

Anfang des 20. Jahrhunderts wurde der Kalvarienberg abgetragen. Die Klausnerei ist nach 1871 eingegangen und die kleine, ehemals sehr schmucke Kirche, wurde, wie kaum eine andere im ganzen Landkreis Dachau, ausgeplündert. Nur der herrliche Hochaltar, die barocke Kanzel und der überaus fröhliche Stuck erinnern noch an die Glanzzeit dieser Wallfahrt zum »heiligen Wolfgang in der Saul«.

PUCHSCHLAGEN

Die Kirche wanderte aus

Wenn man im Dachauer Land zwischen Schwabhausen und Armetshofen unterwegs ist, ist man überrascht, die Kirche von Puchschlagen ganz einsam zwischen Wiesen und Feldern stehen zu sehen. Es ist eine eigenartige Kirche mit einem schlanken, eleganten Turm und einem zu klein geratenem Kirchenschiff. Kein Haus und kein Hof ist weit und breit zu sehen, nur der Friedhof umkränzt die Kirche. Um sie herum ranken sich seit vielen Generationen allerlei Erzählungen und Sagen, weil bis heute niemand erklären kann, warum sie dort so einsam in den Fluren steht.

Puchschlagen soll schon früher mit großen Bauernhöfen besiedelt gewesen sein. Mittendrin stand die Kirche, so wie es sich halt in Altbayern gehört, dass die Kirche im Dorf ist. Vor Jahrhunderten, als die Kirche noch im Ort stand, sollen die Bauern immer gottloser geworden sein und mehr getrunken haben, als sie vertragen konnten. Die Kirche aber wurde mehr und mehr vernachlässigt; nicht einmal die Glocken konnten mehr geläutet werden, weil die Stränge abgefault waren. Das muss den Herrgott doch sehr erzürnt haben. Er schickte den Puchschlagenern einen Wanderprediger. Die aber jagten diesen zum Dorf hinaus und hätten ihn fast totgeschlagen. – Die Puchschlagener trieben es immer toller, sogar am Karfreitag wurde Fleisch gegessen und gesoffen. An diesem ansonsten stillen Tag schlugen nun plötzlich alle Glocken an, obwohl sie wegen der fehlenden Stränge niemand hätte läuten können. Ein überirdisches Licht erstrahlte in der verdunkelten Karfreitagskirche. Jetzt wurde man den Schmutz gewahr, der sich seit Jahr und Tag dort angesammelt hatte. Die Orgel ertönte von der Empore herunter; es war aber niemand da, der sie zu schlagen verstand. Die schwere eisenbeschlagene Kirchentür sprang auf und die Toten stiegen aus ihren Gräbern. Sie waren sehr ergrimmt über das frevlerische Tun und schandbare Treiben ihrer Nachfahren, sie forderten zum letzten Mal zur Buße und Umkehr auf. Da erhob sich ein gewaltiger Feuersturm, die Häuser, Ställe und Scheunen brannten aus. Die Kirche samt dem Turm begann zu beben, erhob sich aus ihrem Fundament und entfernte sich langsam aus dem Dorf. Mit ihr wanderten die Toten, die bisher um sie herum so friedlich der Ewigkeit entgegenharrten. Erst weit außerhalb von Puchschlagen nahm die Auswanderung der Kirche ein Ende und auch die Toten fanden an dem neuen Ort wieder ihre letzte Ruhestätte.

Noch heute steht die Kirche, umgeben vom Friedhof, deshalb so weit außerhalb des Dorfes.

Rast

Die Maria-Rast-Kapelle

Der Sage nach verdankt die Rast-Kapelle, ehemals unmittelbar an der alten Heerstraße zwischen Freising und Moosburg hoch über der Isar bei Langenbach gelegen, ihre Entstehung einem Gelübde des damaligen Herzogs Ludwig IV. von München-Oberbayern (1282–1347, ab

1314 Kaiser Ludwig der Bayer). Am Vorabend der Schlacht bei Gammelsdorf, die am 9. November 1313 stattfand, soll Herzog Ludwig mit seinem großen Ritterheer, von München herkommend, hier noch einmal Rast gemacht haben. Deshalb heißt auch heute noch diese Anhöhe, von der man das sich weitende Isartal bis nach Moosburg gut überschauen kann, der »Rastberg«.

Während seines Nachtlagers soll Herzog Ludwig der Gottesmutter den Bau einer Kapelle gelobt haben, falls er die Truppen seines Gegners, des Herzogs Friedrich des Schönen von Österreich, niederzwänge. – Tatsächlich siegte Ludwig: Er zog am Tag der Schlacht über die westlich gelegenen Höhen in Richtung Hörgertshausen, um dann, den dichten Novembernebel geschickt nutzend, in einem Überraschungsangriff, von Priel her kommend, das Ritterheer Friedrichs des Schönen über die Isar zu treiben, wobei noch die Brücke bei Isareck unter der Last der zurückdrängenden Ritter einstürzte.

Bald nach dem Sieg bei Gammelsdorf dürfte Kaiser Ludwig der Bayer hier eine kleine Dankkapelle errichtet haben. Etwa hundert Jahre später ist diese baufällig geworden; die heutige, zweischiffige Kapelle entstand um 1450 an der gleichen Stelle. Sie wurde mit reichem Besitz ausgestattet und der Pfarrei Hummel unterstellt.

Lange Zeit war sie ein sehr gut besuchter Wallfahrtsort; auch Bittgänge, vor allem um Regen, wurden hierher unternommen. Nach dem Zweiten Weltkrieg entwickelte sich der »Tag der Mädchen«. Sehr gut besucht sind bis heute die Maiandachten, auch Taufen und Hochzeiten werden gerne hier gefeiert.

Das Gnadenbild ist eine sitzende Madonna, die noch in die Gruppe der sogenannten »Schönen Madonnen« einzureihen ist. Die Gottesmutter hält das Jesuskind mit der Rechten auf dem Schoß, das seinerseits einen Apfel in Händen hält, mit seiner Linken aber den Mantel der Madonna aufzuziehen versucht, der die »Gnadenspenderin« symbolisiert, die ihren Gnadenmantel weit öffnen möchte für die Bittenden und Betenden. Die Gottesmutter hält in der Linken das Zepter als die Herrscherin über unsere Welt. Unter ihren Füßen ist der »Schemel« des Mondes mit dem sogenannten Mondgesicht zu erkennen.

Diese bemalte Holzfigur ist eine sehr gute Arbeit eines unbekannten Landshuter Künstlers aus der zweiten Hälfte des 15. Jahrhunderts. – Das Besondere an der Wallfahrtskirche ist ihre Zweischiffigkeit, die im altbayerischen Raum äußerst selten ist.

In den bemalten Kirchenfenstern sind bis heute die Wappen derjenigen Städte angebracht, die Ludwig dem Bayern in der Schlacht bei Gammelsdorf besondere Dienste erwiesen haben; es sind dies die Wappen von München mit dem Münchner Kindl, von Landshut mit den drei Helmen, von Moosburg mit den drei heraldischen Rosen, von Straubing mit dem silbernen Pflug und von Ingolstadt mit dem feuerspeienden Panther. – Gerade diese Stadtwappen sind die Zeugen der bis in die Gegenwart im Volk lebendigen Sage.

Roggenstein
Der Teufel half mit beim Kapellenbau

Am Ende eines eiszeitlichen Moränenhügels, der sich zwischen Alling und Roggenstein hinzieht, befindet sich eine alte baumumstandene Kapelle, die dem heiligen Georg geweiht ist. Diese gotische Kapelle stammt aus der Zeit zwischen 1315 und 1524; wahrscheinlich wurde sie kurz nach 1361 errichtet, als die Zisterzienser von Fürstenfeld die Burg von den Eisenhofenern (Landkreis Dachau) erwarben.

Ursprünglich dürfte die Kapelle der heiligen Margaretha geweiht gewesen sein; diese erscheint noch 1524 als Patronin. 1738/40 heißt es dann, dass der heilige Georg der Patron »in Rokhenstain« sei.

Die Wette mit dem Teufel

Dem Teufel ist jeder Kirchbau zuwider; das liegt in der Natur der Sache. Er versucht überall dort, einen solchen Kirchenbau zu verhindern, wo es ihm nur irgendwie möglich erscheint. Jedes Mittel ist ihm dazu gerade recht.

Der Maurermeister der Kapelle zu Roggenstein – wir wissen weder seinen Namen noch wann er gelebt und gemauert hat – hatte eine besondere Freude am gotteslästerlichen Fluchen. An jedem Tag, an dem sich der Maurermeister dieses Fluchens enthielte, wollte der Teufel dafür drei Tage lang »scharwerkern« (harte Arbeit leisten). Der listige Teufel hatte sich schon ausgerechnet, dass infolge seiner Wette mit dem Maurermeister die Kapelle in Roggenstein wohl nie fertig werden würde, da sich der Maurermeister das Fluchen, das er so meisterhaft beherrschte, doch nicht mehr abgewöhnen könnte. Da hatte sich der Teufel aber schwer getäuscht.

Die Wette galt

Koa Fluachara is eahm net auskemma, dem Mauramoasta bis Mittag hi. Weils aha am Nomittag so bluatig hoaß worn is, is eahm bei dera Hitz auf oamoi »Sakrament, is's heit bluatig hoaß« außagrumpelt; dao is eahm aba glei sei Wett mit'm Deifi eigfalln, und er haot glei dazugsagt: »aba des heiling, hochgelobte und gebenedeite Sakrament in alle Ewigkeit. Amen!« Genauso haot er's glernt ghaot, wia's im Katechismus gstanna haot. – Wia da Teifi gmoant haot, er hätt den ersten Fluachara ghört, haot er si scho glei recht gfreit. Wiaran aba weiterredn haot ghört, den vaflixten Mauramoasta, is eahm ganz zwoaraloa worn; des haot an Deifi scho glei gar net gfalln vo dem »gebenedeiten Sakrament in alle Ewigkeit. Amen«.

Itzt haot da Deifi de Stoatraogakraxn mit de schwarn Ziaglstoa scho weida tragn müssn und aa den Vogl mit dem bluatsschwarn Mörtl auf da Axel. – Oiwei wieda is dem Mauramoasta a ganz a kloans Wartl vo seine altn Fluachara auskemma – und oiwei wieda hat er's dahebt und an heilign Spruch oneghängt an seine altn Sprüch.

Nein Däg is 's itzt scho so dahiganga; da Deifi haot weida d' Stoana gschleppt; oiwei schwara sans worn, je höha d' Kira worn is; an Mörtl haot er rühm müssn in da Mörtlpfanna; haot an Sand zweitast herschleppn müassn und de Wassaküwe vom Brunna auffaroalln derfa; oan nach dem andern.

Dao is de Kapelln do schö schdad firti worn, wei da Deifi oiwei no gmoant haot, er kannts dawartn, bis dersell 's Fluacha hätt ofanga kinna.

Füa den Mauramoasta is des ganz guat gwen; de Mauan san oiwei höha worn, de Kapelln is mit dem dapping Helfa oiwei schnella gwachsn – und er haot si selm langsam des Fluacha oagwöhnt.

Da is 's dem Deifi auf oamoi z' vui worn. Er selm hat an sakrischen Fluachara doa, so wian da Mauramoasta selm no nia oan ghört haot, haot an ganz an greislinga, gelbn Schwefedampf hintaußilassn – und is davo, aowi in d' Höi – und seit dera Zeit hat er si nimma seng lassn bei der Kapelln »z' Ruckastoa«, de wo er selm mitbaun haot gholfa.

Röhrmoos
Itzt bischt amoi mid'm Kneißl Hiasl duichs Hoiz ganga

Alte Röhrmooser erzählen, dass in der Zeit, als der Kneißl Hiasl (Mathias Kneißl, 1875–1902) von den Gendarmen gejagt wurde, eine Magd von Röhrmoos durch den Wald nach Sigmertshausen gehen musste, um dort etwas für ihren Bauern zu besorgen. Sie hatte aber schon recht Angst, da der Kneißl Hiasl gerade unterwegs war.

Mitten im Wald traf sie ihrer Meinung nach einen jungen Knecht. Der bot sich an, die ängstliche Dirn durch das Holz zu führen, damit ihr der Kneißl Hiasl ja nichts antun könne. Kurz vor Sigmertshausen verabschiedete sich der junge Bursch von der Magd und sagte zu ihr: »Sigst, itzt bischt amoi mid'm Kneißl Hiasl duichs Hoiz ganga!«

Röhrmoos
Beim Wirt z' Rearmoos geht's um

Um die Wende vom 19. zum 20. Jahrhundert erzählte man sich in Röhrmoos ernsthaft, dass die verstorbenen Wirtsleute vom Hagn-Wirt in Röhrmoos um die Geisterstunde »umgehen« würden. Die letzten Wirtshausbesucher wollten täglich zwischen Mitternacht und ein Uhr in der Früh eine Stunde lang ein sehr deutliches »Bratenklopfen« und ein schepperndes »Geschirrwaschen« gehört haben. Das soll so laut vor sich gegangen sein, dass die Herdringe etwa zwanzig Zentimeter in die Luft geflogen wären.

Die schneidigen Röhrmooser Burschen aber verlachten und verhöhnten die alten Wirtshausbesucher und entschlossen sich, bis zur Geisterstunde »beim Hagn« auszuharren, um diesen Lügenmäulern zu beweisen, dass alles nur ein Schmarrn wäre. Den ganzen Abend taten sie recht groß und prahlten, was sie alles täten, wenn die alten Wirtsleute mit ihrem Geklappere in der Küche anfangen würden. Zur Geisterstunde war es nun so weit. Ein riesiger Lärm und ein Geschirrklappern setzte in der Wirtshausküche ein, sodass die schneidigen Röhrmooser Burschen fluchtartig die Wirtsstube verließen. Zurück blieben nur die alten Bierdümpfel, die sich an den Krach schon gewöhnt hatten.

Beim Wirt geht's um

ROSSBACH

's Liacht auf de Ross

»Wia mei Großvata, da Seldmayr Sepp – Gott haob'n selig –, oiwei in d' Schranna nach Augsburg gfahrn is, dao sans scho uma zwoar a da Fruah vo dahoam furt. Da sans oaft z' Roschbaoh in 'n Waoid einigkemma, der bis Freienried ganga is.

Dao haot si regelrecht oiwei um de Allaseilnzeit a Liachtl auf de Ross auffigsetzt. Und wias dann aus'm Waoid wieda außakemma san, war 's Liachtl aa wieda voschwundn. Neamad haot se aba gfürcht bei dera Gschicht. Bloß vozählt hams oiwei wieda davo.«

RUPPERTSKIRCHEN

Der Schimmel hat noch geläutet

Von dem längst verschwundenen Johanniskirchlein in Ruppertskirchen bei Altomünster erzählt man sich eine merkwürdige Schimmelsage.

Eines Tages, es war gerade um St. Veit, dessen Fest man früher am 15. Juni gefeiert hat, ging es schon dem Abend zu. Die Bauern und alles, was Hände zum »Heinga« frei hatte, war auf den Wiesen. Ein Gewitter stand am Himmel. Ganz ferne grollte es schon und die dicken, geballten Wolken verhießen nichts Gutes. Das Heu sollte noch heim, so gut es eben ging.

Da plötzlich läutete es vom kleinen St.-Johannes-Kirchlein. Und wie das merkwürdig bimmelte. Ganz jämmerlich! Feuer? Nein! Man müsste ja irgendwo das Feuer sehen. Und außerdem klang das ganz anders heute. Das tat so, als wenn Kinder am Glockenseil hingen. Die miserablen Teufelsbambsen, keine Stunde konnte man sie allein lassen! Jeder Bauer gab schon im Geiste einem jeden der daheimgebliebenen Fratzen ein paar saftige Watschn. Aber da das Läuten gerade so unvermutet wieder aufhörte, wie es angefangen hatte, war der heilige Zorn auch bald wieder verraucht.

Als es aber am Abend Zeit zum »Betleiten« war und eine Dirn in die Johanniskapelle gehen musste, erlebte sie etwas Fürchterliches. In der Schlinge, die sich die Buben unten ans Glockenseil gemacht hatten, um sich auf- und abschwingen zu lassen, hing ein Schimmel – und der war tot. Er hatte sich jämmerlich erhängt.

Niemals aber hat jemand erfahren, wem der Schimmel gehört hat. Er war einfach herrenlos herumgelaufen, hatte sich in die Kapelle verirrt – und sich erhängt.

Schidlambach
Es reigiert

Viele kleine Seitentäler durchfurchen das tertiäre Hügelland nördlich der Amper. Alle diese Einschnitte ziehen fast senkrecht zum alten Urstromtal. Die tiefen Wälder, die die Hügel bedecken, waren seit der Besiedlung des Ampertales die Zufluchtsstätte für Menschen und Vieh in den Kriegsläuften, die dieses Ampertal oft genug gesehen und erlebt hat.

So abweisend wie diese Wälder für den Menschen sind, so wurde auch der Stanglmeier Jackl behandelt, ehe er sich gleichsam in die Ewigkeit hinüber- und hinausgeschlichen hat; seither »reigiert es« da um Schidlambach herum.

Hier »z' Schilanbao« war er daheim gewesen, der Stanglmeier Jackl. Er hatte »a Madl drent z' Holzn gern ghaot«. Nur für die Holzner Eltern war er »gnetta net da Grechte. Ob er eppa z' weng ghaot haot, ob er eppa z' nass gfuttart haot, ob er schejchghacksat gwen is, ma woaß nimma.« – »Baoi da Schwiegasu de Altn net passt, oft (dann) is 's aus; sagst, woas d' magst!«

Der Jackl wollte auf jeden Fall reinen Tisch machen; er versuchte es noch einmal im Guten, mit den Brauteltern ins Gespräch zu kommen, ihnen noch einmal alles gütlich zu erklären. Es half alles nichts. Er wurde wie ein räudiger Hund vom Hof gejagt. Hart ist es schon immer hergegangen im Hinterland – und auch anderswo, die Meinungen sind aufeinandergeprallt wie das Hackl auf den Holzstock.

Auf dem Heimweg von Holzen nach Schidlambach ist dem Jackl das heulende Elend angekommen. Er hat einen Strick genommen – und hat sich aufgehängt am nächsten Baum.

Lange darnach konnte man ihn noch im Wind baumeln sehen; man konnte ihn sogar antauchen, wie es wirklich einer getan haben soll. Der Strick an dem Baum hat einen ächzenden und krächzenden Laut von sich gegeben, wie man einen solchen vernehmen kann, wenn einer auf einer Schaukel hutscht.

Seit »dera Zeit vozähln si d' Leit vo Schilanbao und Gaialanbao, dass 's im Hoiz hint reigiert; ma saogt net: ›er reigiert‹, ma saogt: ›es reigiert‹, wei ma net gwiss woaß, ob's da Jackl is, der sei Madl vo Holzn no oiwei sucha muaß, oda epps anders is, des reigiert; reigiern tuat's oiwei do!«

SCHÖNGEISING
Die selige Herluka

Zu den »ganz seltenen Heiligen«, die bei uns fast in Vergessenheit geraten sind, gehört die selige Herluka. Schon ihre Namensdeutung gibt uns Rätsel auf.

Nur der mündlichen Überlieferung nach hat sich die selige Herluka auf der Turminsel bei der einstigen Römerkirche, die dem heiligen Johannes dem Täufer geweiht ist, in dem kleinen Frauenklösterchen in Schöngeising aufgehalten.

Dass die selige Herluka auf ihrer geschichtlich nachgewiesenen Wanderung von Epfach am Lech zum Kloster Bernried, in dem sie auch starb, durch Schöngeising auf der damaligen Römerstraße durchgekommen sein muss, steht außer jedem Zweifel. Wie lange sie aber hier geblieben ist, wissen wir nicht. – Die Legende berichtet weiter aus Schöngeising, dass die Herluka Frauen und Mädchen im Nähen und im Stricken unterrichtet hat und reuige Buße tat für ihren früheren leichtfertigen Lebenswandel. Auch das kann keinesfalls bestätigt werden.

Die selige Herluka wird auch noch angerufen bei der Abwehr böser Geister und schlimmer Gedanken sowie bei Blindheit.

SCHWABHAUSEN
Die unheimliche Nikolausnacht

In Schwabhausen hatten sich einmal zwölf zünftige junge Burschen zusammengetan, um am Nikolausabend als »Krampusgemeinschaft« das Gewissen der Kinder aufzurütteln, sie aus ihren Verstecken hervorzuziehen und ein wenig auszuklopfen. Sie trafen sich nach Einbruch der Dunkelheit bei einem der Burschen zu Hause. Dort verkleideten sie sich und klebten Bärte in ihre Gesichter, sodass hernach keiner mehr den anderen erkannte. Als sie so mit rasselnden Ketten, Birkenruten und Ochsenfisln ausgerüstet, aufbrechen wollten, kam es einem in den Sinn, die Gemeinschaft nochmals abzuzählen, um zu sehen, ob auch alle zwölf beisammen wären. Zum großen Erstaunen aller aber kamen sie dabei auf die Zahl Dreizehn. Sofort brach heiteres Lachen aus. Da habe sich wohl ein Esel zweimal gezählt. Der Betroffene aber zählte vor aller Augen nochmals ab und siehe da, es blieben dreizehn. Nun zählten alle und hielten plötzlich erschrocken inne. Das ging nicht mit rechten Dingen zu. Als sie das Haus betreten hatten, waren sie noch zwölf. Wer also war der Dreizehnte? Betroffen wurde nochmals gezählt. Aber es änderte sich nichts. Alle waren so gut verkleidet, dass niemand den anderen mehr erkannte.

Auf einmal stieß einer von ihnen einen Schrei aus und deutete auf die Füße eines der Vermummten. Da sahen alle zwölf zugleich, dass der Dreizehnte auf einem Bocksfuß stand. Es war kein Zweifel mehr möglich, dass sich der Teufel selber unter sie eingeschlichen hatte.

Das Grauen packte sie nun vollends. Wie auf ein Kommando stürmten alle aus der Kammer und liefen in alle Richtungen davon. Hinter ihnen aber erscholl ein fürchterliches Lachen, das sie bis nach Hause verfolgte. Erst als alle die Türen hinter sich verschlossen hatten, war der Zauber vorbei.

An diesem Abend fand kein Krampusumzug mehr statt, und noch lange dachte man an diese schauerliche Geschichte in der Nikolausnacht.

SENKENSCHLAG

Die Kühe, die keine Milch mehr geben wollten

Eines Tages wollten die Kühe einer Bäuerin in Senkenschlag keine Milch mehr geben. Ihrer Meinung nach waren die Kühe verhext. Um Abhilfe zu schaffen, ließ sie einen Hexenmeister kommen. Der wohnte angeblich in Arnzell, soll dann aber später nach Indersdorf übersiedelt sein. Er muss ein sehr pfiffiger Kerl gewesen sein, der die Gutgläubigkeit der Bauersleute recht ausgiebig ausnützte.

Er kam also nach Senkenschlag und ordnete gleich an, dass erst einmal alle Kühe mit der Schwarte eines Geselchten eingerieben werden müssten. Dies sei aber mehrere Tage hintereinander durchzuführen. Um aber ganz sicher zu gehen, dass die Hexe ausgetrieben werde, müsse immer eine neue Schwarte genommen werden. Das anfallende

Geselchte war seiner Erklärung nach nicht mehr zu genießen, deshalb nahm er es auch gleich mit.

Nach einer Woche etwa war er mit seinen Vorbereitungen fertig und er erklärte: »Wenn ihr die Hexe einmal kennenlernen wollt, die euer Vieh verhext, so müsst ihr morgens früh beobachten, wer zuerst an eurem Stall vorbeigeht!«

Und so kam es, dass die alte Obesserin und das Häuslwei, die beide an jenem Tage zeitig zum Kleemähen aufs Feld hinausgingen, in den Ruf kamen, Hexen zu sein.

Senkenschlag
Die Hex im Butterfassl

Senkenschlag liegt am Rande von großen Waldungen. Früher, als noch keine Teerstraße den Ort durchquerte, sagten sich dort Hasen und Füchse »gute Nacht«. Es konnte deshalb nicht ausbleiben, dass in der dortigen Abgeschiedenheit der Glaube an Hexen und an böse Geister in starkem Maße aufkommen konnte.

Bei einem Bauern war man gerade dabei zu »rühren« (auszubuttern). Im Rührfassl aber wollte und wollte kein Butter entstehen. Voller Zorn sagte deshalb die Bäurin: »I glaab, da is heund gwies wieda d' Hex drin!«

Der Bauer, der gerade dazukam, meinte daraufhin: »Dera werma heund scho hoiffa!«

Kurz entschlossen nahm er seinen Zwilling und schoss eine Schrotladung in das Butterfassl hinein. Als er den Pulverdampf aufsteigen sah, meinte er befriedigt: »An Raach sehgn ma scho und zum Kamii fahrts jätzt ausse!«

Um zu verhindern, dass die Hexe jemals wieder durch den Kamin ins Haus eindringen könnte, brachte er zur Sicherheit eine gekreuzte Kette am Kamin an. Sollte sie es dennoch versuchen, mit gespreizten Beinen auf ihrem Besen reitend, den Kamin herabzufahren, so würde die Kette ihr den Unterleib aufreißen.

Die Hex im Butterfassl

Sigmertshausen

Die Wallfahrtslegende von Sigmertshausen

Im Jahre 1719 fand der dreizehnjährige Thomas Hofwirth (Hoffwürth) beim Viehhüten auf dem Weinberg oder auf der Gemeindewiese, beim heutigen »Frauenmantelanger«, eine aus Ton gebrannte Muttergottesfigur mit dem Jesuskind, eine Nachbildung der sogenannten »Hammerthaler Madonna« aus dem ehemaligen Augustiner-Barfüßer-Kloster zu München. Die Figur soll von einem Schafbock aus dem Boden gescharrt worden sein.

Sie wurde in der alten Hofmarkskirche, die dem heiligen Vitalis geweiht ist – einem Heiligen, der besonders in der Erzdiözese Salzburg verehrt wird –, unter einem Baldachin aufgestellt. Bald erfolgten Gebetserhörungen. Die Madonna soll man dann in die Pfarrkirche nach Röhrmoos gebracht haben; sie war aber am nächsten Tag immer wieder in der alten Kirche zu Sigmertshausen, daraus glaubte man zu erkennen, dass die Madonna hier bleiben wollte.

1731 besuchte das kurfürstliche Haus die Muttergottes von Sigmertshausen, der damals fünfjährige Kronprinz fand wunderbare Heilung. Zwei Votivtafeln künden noch von der tiefen Verehrung, die das Gnadenbild besonders vom kurfürstlichen Haus genossen hat; das eine spricht von dem Kurfürsten vor dem Gnadenbild, das andere vom Kurfürsten, im Bett liegend, von Schmerzen gepeinigt. Diese beiden auf Leinwand gemalten Votivbilder sind etwas Besseres als die einfachen auf Holz oder Blech gemalten Andachtsbilder.

1754 verkauften die Erben des Freiherrn Franz Joseph von Unertl das Schloss und die Hofmark mit der alten Hofmarkskirche an den Freiherrn Franz Xaver von Ruffini, der bereits 1755 den damals sehr berühmten Kirchenbaumeister Johann Michael Fischer beauftragte, diese Kirche »nach italienischem Style« neu zu erbauen. Dieses Spätwerk des Meisters wird nur noch von dem Kirchenbau in Rott am Inn (1759 begonnen) und von Altomünster (1763 begonnen) übertroffen.

Das Deckenfresko, von dem Augsburger Maler Franz Joseph Degle erstellt, zeichnet die ganze Wallfahrtslegende nach. Er selber verewigt sich über dem linken Seitenaltar mit der Inschrift »F. J. Degle invenit et pinxit 1755«. (Entworfen und gestaltet von F. J. Degle 1755.)

Unter einem Baum liegt ein Schaf- oder ein Ziegenbock, der das im Boden verborgene Gnadenbild, eine kleine, aus Ton gefertigte

Muttergottes, ausscharrt. Ein junger Bursche, fast noch ein Kind, kniet auf der Erde, diese Madonna in seiner Hand. Die Mariengestalt in reichem Gewande wird dann in prunkvollem Zug zum Altar der Kirche gebracht: voran die Geistlichkeit, ein Ministrant mit einer Kerze, daneben der Schlossherr Ruffini mit seiner Familie. Rings um das Bild ziehen die Pilger vorbei: Gesunde, die rüstig ausschreiten, Kranke mit Krücken, andere auf dem Wege liegend. Alle suchen sie die Zuflucht bei der Muttergottes von Sigmertshausen – der auxilia Christianorum – der Hilfe der Christen, wie es zwischen dem Langhaus und dem Chor zu lesen ist, auf dessen Deckenbild Engel gemalt sind, in leuchtende Gewänder gehüllt, Weihrauchfässer schwingend, die der heiligsten Dreifaltigkeit huldigen.

Das Gnadenbild befindet sich bis heute auf dem Hochaltar zu Sigmertshausen und wird »Frau Mantel« – Unsere Liebe Frau im Mantel – genannt.

Sittenbach
Der Geist in der Kirche zu Sittenbach

Bei der Entwässerung einer Wiese des Bauern Groß von Sittenbach fanden die Arbeiter einen Totenschädel, in dem ein Messer steckte. Einer der Arbeiter fiel tot zu Boden, als er des Totenkopfes ansichtig wurde. Der grausige Fund wurde nun in die Kirche von Sittenbach gebracht und hinter dem Altar aufgestellt.

Nach einiger Zeit erzählte der Mesner, dass er schon öfters ein Ächzen und ein Stöhnen vernommen hätte. Da riet man ihm, er solle, wenn sich wieder einmal etwas Ähnliches ereigne, fragen, wer denn hier sei. Bald darauf hörte er wieder dieses seltsame Geräusch. Er rief nun beherzt: »Wer ist hier?« Da antwortete eine hohle Stimme: »Ich habe den Mann, dem dieser Schädel gehörte, umgebracht und bin zur Strafe tot umgefallen, als der Kopf des Erschlagenen ausgegraben wurde. Ich habe aber keine Ruhe, bis ich nicht das Messer aus dem Totenschädel herausgezogen habe. Es will mir aber nicht gelingen.«

Da trat der Mesner herzu, zog die Klinge rasch aus dem Totenkopf heraus – und seit dieser Zeit ist der Geist nie mehr in Sittenbach erschienen.

Sixthaselbach
»Sixt Haselbach!«

Es muss, wovon diese Geschichte erzählt, schon sehr lange her sein, weil bereits 790 ein Sigiheri Besitz zu »Hasalpach« nach Freising schenkte. Man hatte den Namen des Stifters vergessen; ja, man deutete den Namen um nach dem Weinheiligen Papst Sixtus, als im Jahre 1402 Hans der Hagsdorfer, der Burghüter zu Au, mit seiner Frau Brigitta »zue Sandt Six ze Haßlpach« eine Wochenmesse stiftete.

Die nachfolgende Begebenheit muss sich also schon vor 1402 zugetragen haben.

Da hat einen von »Haoslbao« »da Deifi gholt«. Wie und warum ihn der »Gottseibeiuns« mitgenommen hat, weiß man heute nicht mehr genau. Er wird halt eine Handelschaft mit dem »Ganz Andern« abgeschlossen haben, wofür er ihm zu Lebzeiten seine Seele verschrieben hat.

Gut war es diesem Haselbacher das ganze Leben lang gegangen. Jedes Sach war ihm aufs Beste gelungen; das Geld ist ihm gleich gar nicht mehr ausgegangen, obwohl er es reichlich und großzügig vertan hat, und sein Sach ist immer größer und ansehnlicher geworden, bis auch diesem Gotteslästerer die letzte Stunde geschlagen hat.

Es kam da einer der Teufel, so wie es ausgemacht und geschrieben war; er zerrte den Widerstrebenden fort, so sehr sich dieser auch sträubte, so sehr er sich aufs Bitten und Betteln verlegte, um noch eine kleine Gnadenfrist auszuhandeln. Wie er auch »gwimbselt haot um a Wartl, um a kloane Weil no« – es half alles nichts.

Da erbat sich der arme Teufel von Haselbach – ein solch armer Teufel war er nun wirklich geworden – eine letzte Gnad aus vom »Deifi«: »Umschauen soist mi no oamoi lassn, no oamoi mecht i Haslboa segn, ehnda mi mitnimmst, liaba Deifi!«

»Dao soi da Deifi den Haslbaochan am Kragn packt ham, haot 'n in d' Höh ghebt, dass sei Gurgl ganz lang worn is, hats eahm umdraht, dass er selm no amoi Haslboa seng hat kinna; oaft (dann) soi da Deifi no recht hintagfatzat zu eahm gsagt ham: ›Sixt Haslboa!‹«

Danach habe ihn der Teufel hinuntergezerrt in sein Reich, in dem es nur Heulen und Zähneknirschen gibt.

Seit dieser Zeit soll der Ort, den man früher nur »Haslboa ghoaßn haot«, Sixthaselbach genannt worden sein. So wenigstens hat es die alte Mesnerin von Feldkirchen bei Moosburg erzählt.

Sixtnitgern
Der Name Sixtnitgern

So schreibt Leonhard Huber in seinem kurzweiligen Büchlein »Land und Leute« über die Entstehung des Namens Sixtnitgern:
»Über die Entstehung dieses Ortsnamens gibt es zwei Versionen. Die erste besagt, dass ein Besitzer eines in der Nähe gelegenen Schlossgutes – Odelzhausen oder Sulzemoos –, dem die bei dem jetzigen Dorf gelegenen Wälder gehörten, zu seiner Frau gesagt habe, dass er beabsichtige, dort auf der Höhe eine Waldarbeitersiedlung zu bauen, worauf die Frau geantwortet habe, dass sie das nicht gerne sehe. Diese Antwort soll entscheidend gewesen sein für den zukünftigen Ortsnamen des werdenden Dorfes; denn der resolute Schlossherr sagte: ›Gut, so heißen wir es Sixtnitgern!‹«

Die zweite Überlieferung: Der Name kommt von einem Gern, auf dem eine Sixtuskapelle stand, also dem Sixtusgern. Ein Gern ist ein Dreieckgrundstück mit ungleichen Schenkellängen, sodass sich ein Ende in die Länge zieht, also zu einem Gern endet. Ein solcher Gern besteht hier tatsächlich, und die ersten Häuser sind auf diesem Gerngrundstück erbaut. Diesen Gern begrenzt im Osten die zum Staatswald führende Dorfstraße; im Süden die bei Haus Nr. 1 (dem Kugleranwesen, das in alter Zeit beim Waldhüter genannt wurde) abzweigende und zum Ferchenburger Feld und Ferchenburger Holz nach Westen führende vordere Dorfstraße. Im Nordwesten grenzen die Fluren von St. Johann dieses Dreieckgrundstück ab. Entlang der Ferchenberger Straße sind die ersten und ältesten sechs Häuser des Dorfes auf dem vorerwähnten Grundstück erbaut. Dass aber auf diesem Gelände jemals eine Sixtuskapelle gestanden hat, lässt sich nicht nachweisen.

Sixtnitgern
Warum Sixtnitgern so hoaßt

Zu dera Freifrau von Metting, de des Schloss z' Odelzhausen ghabt haot, san amoi etliche Waldarbeita kemma. Da ganze Waoid haot nämli amoi zum Schloss z' Odelzhausen ghört, leicht a 6000 Tagwerk. Dao haobn de Waldarbeita de Freifrau bitt, ob sie se net a paar Hüttn baun derfatn fürs schlechte Wedda.

Dao is sie am Fensta gsessn und haot außigschaut und haot se de Stell zoagn lassn, wo s' de Hüttn gern higstellt hättn. Dao haot sie glei gsagt: »I six net gern!«

Seit dera Zeit hoaßt der Ort amoi a so.

STUMPFENBACH
De weiße Frau vo Stumpfabao

Es is scho wolltlan lang her, es muaß a Sunnta gwen sei – und hoaß war's.

Der Baua, vo dem de Gschicht vozählt werd, war net vo Stumpfabao – aba beim Wirt is a gwen. Es haot 'n halt a so dürscht, dass er erscht uma zehne aufgstana und hoamganga is. Schwaar is a dahiganga. Er is in a Hoiz einikemma. Dao is auf oimoi a Madl, ganz in Weiß gwandt, a Weil neben seina herganga, bis er's gfragt haot: »Wo aus denn heit?« Sie haot gar nix gsagt. – Dao haot er weitagredt: »'s is nimma de Zeit heit, dass d' Madln umanand san heit mit so am Gwand!« Wieda is koa Antwort net kemma. – »Wo bischt oft (denn) her? Haost dei Gschpusi bsucht? Bischt it vo dao, weilst a so a weiß Kleidl ohaost?« Dao haot er wieda nix ghört vo dera nebn seina. Itzt is eahm do da Kragn platzt und er haot gschrian: »Ja, Himmi fix, haost woi dei Mei volorn?« Des Fluacha hätt' er geh bessa sei lassn. – Grad a so blitzt haots um seine Augn, wia d' Stern haots um eahm gfunkelt und auf seim Kopf haot's eigschlagn, bis er higfalln und liegn bliem is. Wia wann eahm d' Impn gangelt hättn, is eahm gwen, so haot eahm da Schädl gsummt.

Baol (als) er hoamkemma is, haobns'n no recht dazahnt aa, weil er gar a so gfotzat ausgschaugt haot, und de fümf Striche vo de Finga haot ma no in am Jaohr seng kenna.

TANDERN
»Der Schwarze Knecht« von Tandern

Um das Jahr 1580 zog in Tandern der neue Pfarrer Anton Ziegler auf, der in Mauerbach gebürtig war. Die Eltern des geistlichen Herrn, Georg Ziegler und dessen Ehefrau Maria, hatten, als ihr ältester Sohn die Pfarrei Tandern erhielt, ihren Hof in Mauerbach ihrem zweiten

De weiße Frau vo Stumpfabao

Sohn übergeben. Sie zogen mit in den Pfarrhof in Tandern ein. Mit ihnen kam auch die jüngste Tochter, Barbara, um hier als Dirn einzustehen.

So um das Jahr 1585 übernahm der Dornbauernsohn Sebastian den Dornbauernhof in Tandern. Er heiratete die Pfarrersdirn und Schwester des damaligen Pfarherrn, Barbara Ziegler. Dieser Ehe entspross als erstes Kind ein Sohn, der auf den Namen Leonhard getauft wurde. Alle übrigen Kinder, die zur Welt kamen, starben kurz nach der Geburt. Dieser Leonhard fiel nun wegen seiner schwarzen Haare besonders auf, noch mehr aber wegen seiner riesigen, hünenhaften Gestalt. Da der Baumeister Meinrad im Pfarrhof schon alt und krank war, erbat sich der Pfarrherr vom Dornbauern den Leonhard als Knecht und Baumeister. Der Dornbauer sagte zu und der Leonhard stapfte nach einigen Tagen wohlgemut dem ihm bekannten Pfarrhof zu. Als er hinten am Gaberlhof vorbeiging, fragte ihn die Tochter Monika: »Wo aus denn, Leonhard?« – »Beim Pfarrer Vettern werd ich Knecht«, sagte er, worauf sie lachend meinte: »Was, der schwarze Leonhard wird Knecht beim Herrn Pfarrer!« und die Mitterdirn darauf: »Nachher bist zweimal der schwarze Knecht.« – Diese Scherzworte der jungen Mädchen sprachen sich im Nu herum, und zeitlebens blieb ihm dieser Spitzname. Der heitere und lebensfrohe junge Bursche ahnte nicht, dass er später noch ein drittes Mal »Schwarzer Knecht« werden sollte, aber dann unter einem anderen Herrn.

Als der alte Meinrad, der Pfarrhofbaumeister, starb, rückte der Leonhard an seine Stelle; er blieb aber in aller Mund nur »der Schwarze Knecht«. Im Jahre 1610 starb auch der alte Pfarrer Anton Ziegler; ein neuer Pfarrherr zog auf, Johannes Reißner. Der »Schwarze Knecht« blieb auch unter ihm Baumeister auf dem Pfarrhof, der neu gebaut wurde. Der Dreißigjährige Krieg kam immer näher an Tandern heran und in den Jahren 1632 bis 1634 wurde die Gegend öfter zum Kriegsschauplatz. Der Ort selbst kam dabei immer noch recht glimpflich davon.

Da ritt im Sommer 1634 ein Trupp von zehn schwedischen Reitern, von Augsburg kommend, in Tandern ein, um die Ortschaft mit ihrem Besuch zu beehren, das hieß, zu rauben und zu plündern, was nicht niet- und nagelfest war. Mitten im Dorf bei der Linde hielten sie inne. Vier Mann blieben bei den Pferden; je drei Mann begaben sich zum Schloss und zum Pfarrhof. Der Schlosshof war aber fest verrammelt und die Soldaten mussten fluchend wieder abziehen. Auch der Pfarrhof war versperrt, aber die brutalen Soldaten schlugen mit den Gewehrkolben so lange an die Tür, bis die Köchin nachgab und aufmachte. Ein Schuss krachte im Hausgang und die tödlich getroffene Köchin sank zusammen. Eben machten sich die Soldaten ans Plündern, da lief der Schwarze Knecht, der gerade den Zaun hinter dem Hause geflickt hatte, nichts Gutes ahnend, in den Hausflötz. Er übersah mit einem Blick die Lage und schlug dem Soldaten, der die Pfarrersköchin erschossen hatte, das Handbeil derart auf den Kopf, dass dieser lautlos zusammenbrach. Sofort krachte wieder ein Schuss, der den Schwarzen Knecht an der Hüfte streifte, während der dritte Schwede mit einem Dolch auf den Knecht losging. Der aber wehrte den Stich geschickt ab und warf den Soldaten mit solcher Wucht über eine Truhe, die im Flötz stand, dass ihm Genick und Rückgrat brachen. Da flüchtete der übrig gebliebene Schwede, so schnell er nur konnte, zu den Pferden, da inzwischen die Dörfler mit Sensen und Dreschflegeln anrückten. Die acht Schweden stoben fluchend, schimpfend und Rache schwörend in Richtung Freising davon.

Schon am nächsten Tag erschien ein schwedischer Heerhaufen von rund zweihundert Mann und suchte zuerst nach dem Schwarzen Knecht. Der aber war schon mit vielen Dorfbewohnern in den großen Senkenschlager Forst geflohen, der sich zwischen Hilgertshausen, Wagenried und Langenpettenbach ausdehnt. – Die Schweden hatten bald herausgebracht, dass der Schwarze Knecht beim Dornbauern daheim war. Eine Abteilung ritt sofort beim Feldermair hinaus. Einige Schweden sollen dabei mit ihren Pferden im Sumpf stecken geblieben sein. Der Dornbauernhof aber wurde überrumpelt. Unbarmherzig erschlugen die bestialischen Soldaten die Eltern des Schwarzen Knechts und sämtliche Dienstboten, raubten alles aus, trieben das Vieh weg und brandschatzten schließlich den Hof. – In Tandern wurde unterdessen planmäßig gemordet und geplündert. Der Rest der Bewohner wurde auf Wagen verladen und verschleppt, das Vieh abgeschlachtet oder lebend fortgeführt. Dann wurde das Dorf an allen Ecken und Enden angezündet. Mehrere Tage wütete das Feuer; niemand löschte. Mit Schaudern sahen die in die Wälder Geflohenen auf ihre vernichtete Heimat. Als die Schweden endlich aus der Gegend wegzogen, wagte sich das halbverhungerte Häuflein Menschen wieder scheu in die verkohlte Trümmerstätte. Der Pfarrer war nicht mehr da; niemand wusste von ihm. Der Schlossherr weilte als Pfleger in Reichersberg am Inn. – In Gottes Namen begannen nun die Zurückgekehrten wieder zu schaffen, vor allem um Notbehausungen herzustellen und die von den Schweden übrig gelassene Ernte einzubringen. Der Schwarze Knecht schaffte mit seiner Riesenkraft von früh bis spät, und alles hing mit kindlicher Liebe an ihm. An einem Sonntag ließ er alle Dörfler zusammenkommen und sagte etwa folgendermaßen: »Liebe Leut, der Schrecken der Brandschatzung unserer Heimat steckt uns allen noch in den Gliedern. Dass uns der liebe Herrgott in Zukunft vor einem solchen Unglück bewahre, wollen wir alljährlich am 5. Februar, am Agathatag, ein Amt halten lassen.« Sofort stimmten alle zu. – Nun sprach der Schwarze Knecht weiter: »Meine Eltern sind tot, der Dornbauernhof gehört mir; heiraten tu ich nicht mehr, ich bleib bei euch. Ihr alle hört es jetzt: Den ganzen Grund vom Dornbauernhof schenke ich der Kirche. Und sollte noch einmal etwas über uns kommen und auch mir etwas zustoßen, dann wisst ihr, dass dies mein Vermächtnis ist!« Anwesend aber sollen gewesen sein: der Georg Hafner, der Johann Pachmayr, der Konrad Schäfer, der Ulrich Kirschner, der Anton Niedermair, der Alto Fetz und sein Sohn, der Berthold Koppold, der alte und der junge Aufhauser, der Scheller, der Bergweber, der Ruepp, der Schwabschneider, der Gaberl, der Weihrerthoma, der Reindl Url und der Ulrich Loder, ein zwölfjähriger Bursch.

Tatsächlich war das Maß des Unglücks aber noch nicht voll. Nach den Schweden kam die Pest, der Schwarze Tod. Anfangs September 1634 starb der erste in der Pfarrei Tandern an dieser Seuche. Rasch mehrten sich die Todesfälle. Nur wenige von den Dorfbewohnern, darunter auch der Reindl Url, wagten wegen der allenthalb herrschenden Unsicherheit zu fliehen. Der alte Bleier, der Totengräber, war unter den ersten Opfern. Wegen der Ansteckungsgefahr wollte niemand mehr die Toten begraben. Heldenmütig übernahm nun der Schwarze Knecht dieses Werk der Barmherzigkeit. Zum dritten Male wurde er zum »Schwarzen Knecht« in seinem Leben. Nachts brachte er die Toten auf einem Karren auf den Ziegelberg und begrub sie an der Stelle, an der heute die Wieskapelle steht. Er machte das so, dass er stets ein neues Grab schaufelte und mit der anfallenden Erde die Leiche im vorigen Grab zudeckte. – Mehrere Wochen wütete diese furchtbare Krankheit. Die Einwohner des Dorfes starben bis auf wenige samt und sonders. Den letzten, den sich der Pesttod holte, war sein getreuer Helfer, der Schwarze Knecht. Einsam und verlassen starb er, einer der edelsten Menschen aus dem Kirchspiel Tandern.

Die ehemals blühenden Hofstätten des Dorfes und der Umgebung waren ausgeraubt, abgebrannt und bis auf wenige Menschen ausgestorben. Zum Krieg und zur Pestilenz gesellte sich nun noch der Hunger. Es konnte nichts angebaut werden, weil alles fehlte: die Menschen, das Zugvieh und das Saatgetreide. Besonders die Felder gegen das Oberdorf zu verwilderten völlig. Bis in unsere Zeit haben sich kleine Feldhölzl, die damals entstanden sind, erhalten. Der Schlossbesitzer kehrte arm und krank heim und starb bald darauf. Das Schloss kam auf die Gant. Die herrenlosen Hofstätten wurden als verkäuflich mit aufgestecktem Strohwisch gekennzeichnet. Niemand war da, um sie zu kaufen. Der ansehnliche Gaberlhof wurde um einen Laib Brot verkauft.

Gegen Ende des Krieges kamen eines Tages zwei Reiter mit je zwei Pferden, die reich mit Beute beladen waren, ins Dorf geprescht. Die beiden waren schwer bewaffnet und die Geldkatzen prall gefüllt. Es waren der Reindl Url und ein Kriegskamerad von ihm. Sie waren unter General Johann von Werth, dem Reiterführer im Dreißigjährigen Krieg, in bayerischen Diensten gestanden. Sofort nahm der Url seinen Hof in Besitz; sein Kamerad kaufte sich ein leerstehendes Anwesen. Die beiden verrohten Gesellen begannen nun ein wüstes Leben; besonders der Url trieb es arg. Er ärgerte und drangsalierte die armen Dorfleute, wo er nur konnte.

Aus den ödliegenden Fluren des Dornbauernhofes war bald ein ganz ansehnlicher, zusammenhängender Wald geworden. Der Reindl Url behauptete nun, da seine Großmutter und der alte Dornbauer Geschwisterkinder gewesen waren, dass der Wald ihm als dem nächsten Erben gehöre. Niemand konnte und wollte widersprechen, obwohl die alte, halbtaube Koppoldin immer sagte: »Mein Mann, der Bertl selig, hat oft gesagt, der Schwarze Knecht hat seinen Hof der Kirche vermacht; alle Männer damals haben dies mitangehört und auch der junge Reindl Url.« Eines Tages holte der Reindl Url mit seinen prächtigen Pferden im Neuhardtwald eine Fuhre Holz. In der gachen Kramermanngreppen, nahe beim Dorf, gingen die Pferde durch und der Url kam unter die Räder. Rasch kamen einige Leute dazu. Tödlich verletzt, konnte der Url noch sagen: »Der Dornbauernhof gehört der Kirche. Ich selber habe es gehört von dem Schwarzen Knecht, als ich noch ein Bub war.« Nach einer kleinen Pause sagte er noch: »Gott sei mir armen Sünder gnädig!« Dann verschied er; sein Geschlecht war ausgestorben.

TANDERN
Der Schimmel beim Flachsbrechofen in Tandern

Das Linnen, so wie man es wohl schön und weiß in großen Ballen im Kasten hatte, war der ganze Stolz jeder Bäuerin. Aber die Arbeit, bis es soweit war, dass man es meterweis aufstapeln konnte, neidete einem niemand. Das Spinnen in den langen Winternächten war nicht das Schlimmste. Da saß das halbe Dorf beisammen und es wurde gesungen, geplaudert und gelacht.

Vorher aber kam das Brechen und das Hecheln und das Schwingen. Das war viel Arbeit und meistens musste diese nachts verrichtet werden. Der Brechofen stand draußen bei der Wieskapelle in Tandern. Um Mitternacht brach man schon auf, um ja alles in einem Arbeitsgang zu schaffen. Da hatte nicht nur die Morgenstund Gold im Mund, sondern die Stunden davor noch mehr.

Eines Tages aber stand der Ofen leer. Kein Mensch kam, gerade als ob es so ausgemacht worden wäre. Und das kam so: Draußen beim Eisenburger stand ein Schimmel – der hatte keinen Kopf auf und jeden, der des Weges zum Flachsbrechofen kam, begleitete er. Die meisten aber machten schon bei seinem Anblick kehrt und liefen, mehr als sie gingen, nach Hause. Die anderen aber kamen auch nicht viel weiter, denn der Anblick dieses Schimmels, auf dessen Hals kein Kopf mehr saß und der so tat, als ob er alles sähe, war so erschreckend, dass auch Beherztere der Mut verließ, sie plötzlich kehrt machten und wie von einer Tarantel gestochen heimsausten.

In der nächsten Nacht aber war nichts mehr zu sehen. Dann aber tauchte der Schimmel wieder auf und schließlich wurde er eine Zeitlang sogar zum gewohnten Begleiter. – Wohl war aber keinem dabei, dem der kopflose Schimmel begegnet ist.

TANDERN
Der Spuk im Wolfganger Holz

Zwischen Wagenried und Pipinsried liegt das Wolfganger Holz. Da sollte die Zebacher Matl »umgehen«.

Das kam so: Vor vielen Jahren lebte in Tandern eine junge Frau, eben die Zebacher Matl. Sie verliebte sich in einen Mann und bekam ein lediges Kind. Der feine Hochzeiter ließ sie jedoch sitzen und heiratete eine andere. Aus Gram darüber erhängte sie sich. In Tandern wurde sie dann im Selbstmörderwinkel des Friedhofs beerdigt. Das gefiel aber einigen Bauern in Tandern gar nicht, denn nach altem Aberglauben schauert (hagelt) es im nächsten Jahr unausweichlich, wenn ein Selbstmörder im Friedhof begraben wird. Sie veranlassten daher ein paar Burschen, für einige Krüge Bier die Leiche auszugraben und aus dem Gemeindebereich in das Wolfganger Holz zu schaffen. Dies geschah auch. Weil man aber so eine Leiche nicht mit der Hand berühren durfte, wurde sie mit Misthackeln dorthin geschleppt.

Seit dieser Zeit konnte die Seele der Verstorbenen keine Ruhe mehr finden und spukte in der Gegend des Wolfganger Holzes herum; es »reigierte«. Alle Leute, die des Nachts den Fußweg von Pipinsried nach Wagenried benutzten und dabei durchs Wolfganger Holz mussten, atmeten stets ganz erleichtert auf, wenn sie dieses unheimliche Wegstück hinter sich gebracht hatten. Oftmals noch soll der Geist der Matl erschienen sein und die Leute in Angst und Schrecken versetzt haben.

TANDERN

Von der Wieskapelle bei Tandern

In den Pestzeiten, vor allem in der ersten Hälfte des 17. Jahrhunderts, hat man die Toten von Tandern nicht auf dem Dorffriedhof beerdigt. Man schaffte sie hinaus und begrub sie auf halbem Wege zwischen Tandern und Oberdorf. Da dies ungeweihte Erde war und man die Toten nicht vergessen wollte, baute man an diesem Platz eine Kapelle. Um die Mitte des 18. Jahrhunderts wurde sie in eine Geißelwies-Kapelle umgestaltet, wie solche Kapellen nach dem Vorbild der berühmten Wieskirche bei Steingaden allerorts entstanden. Eine vom Bauern Gamperl aus der Wies hierhergebrachte Figur des Geißelheilandes wurde in der Kapelle aufgestellt. Dort soll es am Allerseelentag umgehen. Ein feuriger Reiter, begleitet von einem Hund, der keinen Kopf mehr hat, stürmt dann über die Felder daher. Wehe dem Wanderer, dem dieser nächtliche Spuk begegnet.

Taxa
Der Häuslmayrwirt zu Taxa

Um das Jahr 1677 starb der Häuslmayr Korbinian, Wirt in Taxa, »eines unheiligen, wenn auch noch leidigen Tods«. Er war der Besitzer der dortigen Gastwirtschaft gewesen und hätte ein gutes Auskommen gehabt, wenn ihn nicht der Wucherteufel gepackt und ihm ein seliges Absterben verdorben hätte. Denn zu allen heiligen Zeiten kamen Wallfahrer aus nah und fern zum weitbekannten Kloster mit seiner wundertätigen Madonna, »Maria Stern« genannt.

Der Häuslmayrwirt schlachtete viel und hatte große Vorteile von den vielen Besuchern seiner Gastwirtschaft. Um aber noch mehr einnehmen zu können, nahm er es mit dem Maß und dem Pfundgewicht nicht recht genau und machte vor allem die Würste kleiner, als sie sein sollten. Hatte sich aber eine Standesperson angemeldet, wurden die Würste »des Scheins wegen und der Gerichtsbarkeit halber« wieder größer. So hatte es ihm der Teufel ins Ohr geflüstert. Es mehrten sich die Guldenstückl in seiner Truhe, je größer und je länger sein Sündenregister im Himmel wurde.

Sein Treiben blieb vor allem dem damals so berühmten Augustiner-Barfüßer-Mönch Abraham a Sancta Clara, der von 1670 bis 1677 Wallfahrtsprediger im Kloster Taxa gewesen war, nicht verborgen. Oft hatte er den Häuslmayrwirt Korbinian verwarnt und ihm vorgehalten, er möge sich bessern und Reu und Leid erwecken. Da starb der Häuslmayr Korbinian plötzlich und es konnte der gute Abraham a Sancta Clara nur noch am Grabe seine Leichenrede halten, die uns bis auf den heutigen Tag überliefert ist:

»Allerliebste! Nit umsonst liest man das Wort ›Leben‹ von hint zurücke: ›Nebel‹. Kaum, dass so ein morastiger Nebel von der Erden geboren ward, dreuen ihm auch schon die Sonnenstrahlen den Garaus. All so hat es auch ein ähnlich Beschaffenheit mit unserem Leben: vix orimur morimur. (Kaum sind wir geboren, sterben wir.) Und der erste Lebensatem ist schon ein Seufzer zum Tode, und der erst Augenblick des Menschenlebens fallt schon unter die Botmäßigkeit des knochenreichen Sensentragers, auch der erst Trunk aus der Säugammel bringt das unmündig Kind schon zu solchem dürren Weltenstürmer.

    Leben und Glas, wie leicht bricht das.
    Leben und Gras, wie leicht verwelket das.
    Leben und ein Haas, wie bald verlaufet das.

Allerliebste! Ein Geistlicher stirbt wohl, welcher sein Leben in freiwillichter Armut zugebracht, wol wissend, dass sein Heiland nit gestorben ist unter ein mit Franzen behängt Himmelbett. Ein Geiziger aber stirbt übel, und der Häuslmayrwirt ist nit dess Tods verblichen, den wir hätten winschen megen.

Nun aber ist alles aus, es ist kehraus, /es ist ein wahrer Jammer, / das hat uns gemacht, bei Tag und Nacht, /der dürre Rippenkramer.

Aber höret: Es ist ein Blum mit Namen Sunnenwendt, die ist all so verliebet in das strahlend Sunnenlicht, dass sie aus Zwang der übermaßigen Lieb das Sunnenlicht unverwendtlich anblicket, und wie sich die Himmelsfackel auch wendt, also wendt sich gleicher forma diese Blum. Bald aber die Sunnen untergeht, dann zieht die Blum die gelben Blätter vor lauter Traurigkeit ein, und schauet mit geneigtem Haupt zur Erden, so ihr Liebstes verborgen hat. – Von dieser Sunnenblum könnet und sollet ihr heilsame Lehr schöpfen. Gedenket, dass ihr diesen Häuslmayr lieb gehabt, trutz all seiner Schwechen, und dass sein Gesellschaft euch Erquickung war aller Weil, gedenket auch seiner gut Taten. Weil aber all das ist durch den wütigen Tod unter die Erden geraten, all sie lasset euere vorgehabte Lieb nit verlösche, sondern wendet gleich der Sonnenwendblum euer Angsicht zur Erden, unter deren euer verblassener Mann und Vater, Verwandter und Freund lieget: schicket und schenket ihm ein heilig Almosen, ein communion oder Rosenkranz, voraus aber ein heilig Mess, um, dass er ehnder die Seligkeit erreiche amen.«

Wie es auch heute noch üblich ist, freuten sich die Trauergäste über die schöne Leich und die treffende Predigt. Als in der darauffolgenden Nacht der Sohn Hans Häuslmayr in seiner Kammer schlief, hörte er um Mitternacht aus seiner Metzgerei ein großes Rumoren und Hacken. Es war so gewaltig, wie wenn fünf Gesellen am Wursteln gewesen wären. Er nahm an, es sei bei ihm eingebrochen worden. Da nahm er ein Gewehr und schlich sich in die Metzgerei. Hier sah er aber ganz deutlich den Geist seines Vaters, der alle aufgehängten Säue aushackte und das Fleisch zu lauter Würsten verarbeitete, die so groß waren, dass er solche sein Lebtag lang noch nicht gesehen hatte.

Am nächsten Morgen ging er mit einem beherzten Knecht wieder zur Metzgerei. Der Geist seines Vaters war aber nicht mehr da; die aufgehängten Sauhälften hingen wieder so an der Wand wie am Vortag auch. Tage- und wochenlang ging das so fort. Jeweils in der Geisterstunde kam die arme Seele des Korbinian Häuslmayr und metzgerte die großen Würste. Kein Geistlicher und keine sonstige Wohltat konnte Abhilfe schaffen, denn »Maß und Gewicht kommen vor Gottes Gericht«.

In seiner großen Not fuhr der Sohn Hans Häuslmayr zu Abraham a Sancta Clara, der inzwischen Hofprediger in Wien geworden war (1677). Diesen fragte er nun um Rat, wie des Vaters arme Seele endlich zur Ruhe kommen und in der Metzgerei der nächtliche Spuk eingestellt werden könnte. Alle Ehehalten seien ihm davongelaufen, neue wollten nicht bei ihm einstehen, der Geschäftsgang sei ruiniert und die Gant und das Abhausen unabwendbar. Da gab ihm Abraham a Sancta Clara folgenden Rat: »Vielliebster Häuslmayr Hanns! Nur ein miraculum ist bei der Sach, nehmlich, dass ihr von Taxa so tumb taxieret, und darob nit inne werdt, was des Vaters arm Seel mit seiner Pumpermetten aller Täg gar deutlich weiset: Er will gut machen, wo er gefehlet, und mit gleicher Münz bezahlen, was rechtens ist. Will sagen: Er will so viel große Würst gegeben wissen, als er solche zu kleine betrüglich verhandelt hat, weil er nit selm kann gut machen und doch nit den Himmel kann gewinnen, ohn erklecklich reparatio. All so geh heim, viellibster Hanns, lug absichtlich wie lang und dick deins Vaters arm Seel die Geisterwürst abschnüret, und schnür gleicherweis Würst ab oder gar noch greßere, und verhanel selbige wohlfeil an schlecht Volk. Alsdann wirst du frei inne werden, dass des Vaters Geist die Würst wird übern Tag kleiner machen und immer kleiner, bis dass sie nit mehr greßer seins, als ordinari Kreuzerwürst. Und wie die Würst, so wird dann auch des Vaters Geistlaib aller Täg dünner werden und leichter, und eins Tags ganz ausbleiben, nur noch im Himmel zu finden sein. Beilaib aber vergiss darob das Betten net und nit den heiligen Mess, und spar der Laubthaler nit und die Guldenstückl in der Truhen!«

So belehrt, zog der Sohn Hans Häuslmayr wieder heim und tat so, wie ihm der fromme Mönch geheißen hatte. Er erlöste die arme Seele seines Vaters mit etlichen tausend Schweinswürstln, die er verschenkte, und aus der Truhe spendierte er die durch Wucher unehrlich erworbenen Goldstücke seines Vaters. Da blieb die arme Seele aus und fand endlich ihre Ruhe.

Was Du gewinnst durch Wucherzins, / Das bezahl mit gleicher Münz; / Willst Du retten Deine Seel / Aus des Fegefeuers Höll. / Meid den Wucher allerwegen, / Denn er bringt Dir Satanssegen.

TAXA
Über einen schwedischen Musketier, der das Gnadenbild berauben wollte

»Anno 1632 wollte ein schwedischer Musketier, so zur selben Zeit nach Aicha in die Garnison gehörig, das Gnadenbild zu Taxa, welches dazumal mit einem schönen Rock bekleidet war, ganz freventlich berauben, stieg demnach zu solchem verdamblichen Vorhaben auf den Altar, willens, den Rock sambt dem andern Anhang herunter zu lesen, wurde aber mit großer Gewalt durch eine unsichtbare Hand herabgestoßen, dass er schier das Aufstehen vergaße; gleichwohl wiederholt er seine Vermessenheit zum andern- und zum drittenmal, musste aber allzeit erfahren, dass ihn etwer, den er doch mit Augen auch beim hellen Taglicht nit konnte wahrnehmen, auf sondere Ungestüm herabgestürzt, welches ihn endlich den Mut sinken gemacht, die Haar gen Berg gezogen, die freventliche That eingestellt und er ohne vermeintliche Beut, ja mit etlichen blauen Denkzeichen auf dem Rucken, nach Haus gekehrt.«

(Text aus »Gack, Gack, Gack, Gack à Ga« von Abraham a Sancta Clara, München 1687.)

TAXA
Wie die Schweden einen Stall aus der Kirche zu Taxa machen wollten

»Also machten die gottlosen Gesellen aus mancher Kirchen einen Stall, wie sie denn gestaltermaßen mit dem täxischen Gotteshaus wollten verfahren. Es hat aber hierin die gerechte Hand Gottes ihnen einen wunderlichen Riegel geschlossen, dann so oft sie ihre Pferd begonnen, in diese Kirchen einzuführen, spürten sie allmal einen unsichtbaren Widerstand, ja dass sie auch mit vielen Streichen und starken Ziehen die Ross wollten hinein zwingen, ware doch alle dero Mühe umbsonst, und wollten in dem Falle diesen unverschambten Eselsköpfen die vernunftlose Pferd ein Lehr geben …«

(Text aus »Gack, Gack, Gack, Gack à Ga« von Abraham a Sancta Clara, München 1687.)

TAXA

Wie ein schwedischer Soldat einen Ring stehlen wollte

»Ein schwedischer Soldat war in die Kirche Mariä-Stern eingetreten, zu keinem andern Ziel, als dass er sich mit einer Beut möchte bereichern. Er hat endlich einen schönen Ring an den Händen des Gnadenbildes ersehen, welche erfreuliche Beut er unverweilt von den Fingern gezogen, frohlockend, dass ihm das Glück so willfährig gewesen. Er hat also solchen Ring an seinen Diebsfinger gesteckt, nit verhofft, dass der Himmel so genaue Augen werde auf sein freches Bubenstück werfen, in dem seine Hand sambt dem Arm gählings mit einem höchst schmerzlichen Geschwulst überfallen. Er ging auf einen Bauern zu, den er auf dem Acker wahrgenommen und hat ihm den enteigneten Ring übergeben mit der Bitte, er solle denselben seiner Maria in Taxa wieder zustellen, weil er augenscheinlich vermerke, dass ihm solche Beute nicht gedeihe (1685).«

Dieser Ring ist noch vorhanden.

(Text aus »Gack, Gack, Gack, Gack à Ga« von Abraham a Sancta Clara, München 1687.)

TAXA

Das Gnadenbild von Taxa wollte nicht nach Odelzhausen

Als der letzte Augustiner-Barfüßer gegen halb vier Uhr morgens des 7. Juli 1802 das durch den kurfürstlichen Kommissar von Appel und den Klosteradministrator von Heydolph besetzte Kloster von Taxa verlassen hatte, ging es ans Ausräumen, ans Verschachern und letzten Endes an die Zerstörung dieses herrlichen Klosters in der Nähe von Odelzhausen.

Der »Heideifi«, wie ihn die Dachauer boshafterweise genannt haben, befahl zunächst dem Gärtner und dem Brauknecht des Klosters, das Gnadenbild in die Filialkirche nach Odelzhausen zu übertragen. Diese weigerten sich prompt, denn schon manchem, der Hand an die Gnadenmutter legen wollte, war es schlecht ergangen. Nun überredete der Heideifi den Schneider von Roßbach, den Schuster von Orthofen und den Amtmann Frenzel, wenigstens Stangen zu holen, auf die

Das Gnadenbild von Taxa

man die Madonna legen könnte. Als aber das Bild nun fortgetragen werden sollte, wollte niemand das tun, bis sich schließlich einige – »sämtliche von Odelzhausen« –, wie es die Chronik vermerkt – doch bereit erklärten, die Stangen aufzuheben und so die Muttergottes wegzutragen.

Da brachen die Stangen und um ein Haar wäre die wundertätige Statue zerbrochen. Da trug immer einer die Madonna, bis man in Odelzhausen angekommen war. – Jeder von diesen Männern soll eines nicht ganz natürlichen Todes gestorben sein.

Das Lautbeten war nachdrücklichst untersagt. Immer aber fing man wieder damit an und immer wieder wurde es unterdrückt von dem Heideifi, der diesen traurigen Zug angeführt hat. Das Mannsvolk zog entblößten Hauptes einher, während der Administrator Heydolph seinen Hut auf dem Kopfe behielt.

Als man beim Hackermichl vorbei ins Dorf gekommen war, ließen sich die Leute auf keine Weise mehr vom lauten Beten abhalten. Pfarrer Kammerloher von Sulzemoos und der Benefiziat Speramini von Odelzhausen übernahmen dann das Heiligtum und stellten es auf den Hochaltar der Kirche, wo es heute noch steht.

TAXA/ROSSBACH

Nur der Betermacha war z' Roßbach

In dem kleinen Ort Taxa, das einmal eine blühende Klostergemeinde und eine zahlreich besuchte Wallfahrt aufzuweisen hatte, waren alle Handwerker vertreten, die man zu damaliger Zeit gebraucht hat.

Sie hatten ihre Häuser rechts und links der Dorfstraße, die zum Kloster führte. Da gab es einen Weber, einen Farber, einen Schreiner, einen Huterer (Hutmacher), einen Schlosser, einen Lederer, einen Nadelmann (Schneider), einen Hackelmann (Metzger), einen Hafner. Nur der »Betermacha« (Rosenkranzmacher), der war in Roßbach drüben.

Thalhausen
Der Geist der Mutter

Vor vielen, vielen Jahren riss der Tod in Thalhausen eine Mutter aus der Mitte ihrer Kinderschar. Leider hatte sie zu Lebzeiten den Kindern alles durchgehen lassen, sie nicht an Ordnung gewöhnt und dafür selber zu viel gerackert. Jetzt, da die Mutter tot war, waren die verwöhnten Kinder nicht in der Lage, für sich selber zu sorgen. Bald gab es keine Eintracht mehr unter ihnen. Ehe der Tag zu Ende gehen wollte, gab es die ersten groben Worte in der Stube, ein geordnetes Leben war nicht mehr möglich, denn nichts war mehr an seinem Platz.

Es mag wohl eine Woche vergangen gewesen sein, seitdem die liebe Mutter auf dem Friedhof lag, als sich eines Nachts Ungewöhnliches ereignete. Wie von Geisterhand bewegt, flog plötzlich die Türe auf. Niemand war zu sehen, aber die Kinder hörten das Klappern von schweren Holzschuhen, wie sie die Mutter immer getragen hatte. Der Tisch wurde von unsichtbaren Händen hochgerissen, stand nur auf zwei Beinen, sodass die Schublade heraussauste und die unsauberen Löffel, Messer und Gabeln auf den Boden klirrten. Mit Entsetzen sahen die Kinder, wie urplötzlich die ungeputzten Schuhe unter dem Ofen hervorkamen und durch den Raum stoben. In der Kuchel flogen die blind gewordenen Kupferpfannen umher und das ungespülte Geschirr fiel in die Asche. Die ungepflegten Kleider kamen zur Stube hereingewischt, in den Schlafkammern flogen die ungemachten Betten an die Wände, die Kästen öffneten sich und ungebügelte Hosen kamen ebenso heraus wie die lehmigen, regennassen Joppen! Der Jüngste, das Nesthockerl, wagte das erste Wort, nachdem der Spuk vorbei war und die Haustür längst krachend ins Schloss gefallen war: »Wie lange noch wollen wir der Mutter Sorgen machen? Sie muss sich ja vor Gram im Grabe umdrehen und sich unser schämen!«

Aber nie mehr musste der Geist der Mutter kommen und nach dem Rechten sehen. Denn die Kinder hatten sich das schreckliche Ereignis zu Herzen genommen und wurden ordentliche und rechtschaffene Leute.

THALHOF
Geschichten vom Thalhof

Jedes Kind weiß, dass Hexen alles vermögen. Sie können jede beliebige Gestalt annehmen, sich im Augenblick an mehreren Orten gleichzeitig aufhalten oder diese blitzschnell wechseln. Im Thalhof ist seit gut 180 Jahren bekannt, dass einst eine Hexe einen Melkschemel als Fahrzeug nahm. Das kam so: Eine Bäuerin hatte den Stallmägden untersagt, ihren »Melkschame« zu benutzen. Dieses Verbot erregte aber die Neugier der Mägde. Sie rätselten um die Bedeutung dieses Melkschemels. Eines Tages jedoch hielt es eine Magd nicht mehr aus und setzte sich dennoch auf den Melkschemel. Kaum hatte sie darauf Platz genommen, befand sie sich im Flug und saß, wie vom Blitz geschickt, eine halbe Wegstunde weiter bei einem anderen Bauern im Stall. Ihr Schreck war ebenso groß wie die Unwissenheit um Hexenkünste. So konnte sie sich nicht zurückwünschen. Der Schemel saß fest im fremden Stall, als gehöre er nur dort hin. So musste die Magd beschämt zu Fuß nach Hause gehen.

Aber damit war es nicht genug. Der Thalhof wurde auch weiterhin von merkwürdigen Geschehnissen heimgesucht. Jede Nacht rasselte eine schwere Kette die Stiege hinauf und wieder hinunter. Dieser schreckliche Lärm ließ die armen Leute nicht zur Ruhe kommen. Am Morgen fehlten dann an der hölzernen Giebelwand des Stadels drei Bretter, sodass jemand einsteigen konnte. Wurden sie hingenagelt, so fehlten sie am folgenden Morgen wieder. Wenn jemand in der Nacht am Thalhof vorüberging, lernte er das große Fürchten kennen, denn es reigierte dort.

Eines Tages verendete ein Kalb auf dem Thalhof. Es wurde der Abdecker gerufen, der das Tier abholen sollte. Er legte es auf den Schubkarren und brachte es fort. Kaum aber hatte er die Flur des Hofes verlassen, erhob sich das Kalb und sprang umher. Der Abdecker nahm es mit nach Hause und behielt es über Nacht bei sich. In seiner Rechtschaffenheit wollte er es anderntags zum Thalhof zurückbringen. Beim Überschreiten der Flurgrenze zum Thalhof hin stürzte jedoch das Kalb wieder tot zu Boden und stand nicht mehr auf.

Weil aber auf dem Thalhof wirklich keine Ruhe mehr einkehrte, holten sie einen Pater aus dem nicht so fernen Kloster Scheyern. Dieser sollte den Zauber lösen. Der böse Geist wurde auch angeblich von ihm gebannt und in eine Flasche gesperrt. Aber als diese vom Hof gebracht werden sollte, stellte sich heraus, dass sich wiederum starke unbekannte Kräfte dagegen wehrten. Erst als sechs Pferde eingespannt waren, konnten die Leute vom Thalhof den Karren wegfahren und die Flasche mit dem bösen Geist in der nahegelegenen Kiesgrube zwei Meter tief vergraben.

Ob damit nun endgültig der Bann gebrochen wurde, weiß keiner genau – oder doch?

Türkenfeld
Woher Türkenfeld seinen Namen hat

Es wäre zu einfach, den Ortsnamen Türkenfeld von einer Ansiedlung abzuleiten, die auf freiem Felde, einer weiten Ebene oder nur einer größeren Fläche läge, auf der vielleicht einmal Türken eine Rolle gespielt hätten, vielleicht Kriegsgefangene nach dem Sieg des bayerischen Kurfürsten Max Emanuel bei Mohács in Ungarn 1687, wie solche tatsächlich nach Bayern gekommen sind.

In der ältesten Urkunde über Türkenfeld aus dem Jahre 761 heißt der Ort »Duringveld«, was bedeutet, dass hier ein Thüringer sich angesiedelt hat oder sesshaft gemacht wurde.

1192 lässt sich ein kleines Adelsgeschlecht nachweisen, nämlich die Duringe de Duringevelt, die von etwa 1150 bis zum Ende des 14. Jahrhunderts eine Burg und Besitz hatten. – 1393 verkaufte Konrad Durggenfelder, Propst des Augustiner-Chorherrenklosters Dießen am Ammersee, die »veste« (Burg) zu Türkenfeld an Arnold von Camer zu Jetzendorf (Landkreis Pfaffenhofen), von dem sie 1410 der Ritter und herzogliche Pfleger zu Wolfratshausen, Georg Aresinger, erkaufte, der 1467 starb.

Seit 1582 hat sich der Name kaum mehr geändert; er lautet damals noch »Turckefeld«, 1731 »Dürgenfeldt«, wobei die Orthografie der damaligen Zeit darin bestand, dass man schrieb, so wie man es zu hören glaubte.

TÜRKENFELD
Die Hexen am Dreiherrenstein

Westlich von Türkenfeld, im Wald nach Geltendorf zu, steht ein alter dreikantiger Grenzstein aus Ruhpoldinger Rotmarmor. An dieser Stelle liefen die Waldungen des bayerischen Kurfürsten, des Jesuitenkollegs von Landsberg und des Benediktinerklosters Benediktbeuern aufeinander zu. Der Grenzstein ist mit der Jahreszahl 1692 und den Wappen des Kurfürsten Max Emanuel, des Jesuitenkollegs Landsberg und des Benediktinerklosters Benediktbeuern versehen. Wie aus dieser Jahreszahl ersichtlich, wurde der Grenzstein von den Vertretern der drei Grundherren feierlich eingeweiht.

An solchen Grenzsteinen treffen sich nach uraltem Volksglauben immer wieder herumstreunende Geister, böswillige Hexen und auch der Teufel selbst, der hier Ausschau nach allen Seiten hält.

So berichtet die Sage, dass sich im Mittelalter an dieser Stelle in warmen, lauen Sommernächten jeden Samstag die Hexen versammelt hätten. Sie kamen auf ihren Heugabeln sitzend oder auf einem Besenstiel reitend dahergesaust. Hoch durch die Lüfte schwebend, seien sie dahergeflogen, die Kirche von Türkenfeld tunlichst vermeidend. Am Dreiherrenstein aber wurden sie von ihrem »Herrn« erwartet; es sei der »Ganzander« gewesen, wie man in jenen Tagen sagte; er sei in grüner Jagertracht gekommen, mit einem verwegenen Jagerhütl auf dem Kopf; darunter seien zwei Hörndl noch sichtbar gewesen; einen Spitzbart habe er getragen, wie dies damals üblich war.

Freudengeheul und entsetzlicher Lärm erfüllten die von Schwefel verpestete Luft, bis beim ersten Hahnenschrei der Hexentanz mit einem Mal vorüber war. Die Hexen kehrten auf dem gleichen geheimnisvollen Wege dorthin zurück, woher sie gekommen waren.

War aber eine zu säumig und beim Gebetläuten in der Früh noch nicht daheim, dann gehörte sie dem Teufel für immer.

ÜBELMANNA
Der Name Übelmanna

Wie die »üblen Männer«, besser gesagt die »Mander« zu diesem Namen gekommen sind, weiß heute niemand mehr zu sagen. Die Bauernhöfe des Weilers Übelmanna gehören zur Gemeinde Hohenzell.

1275 begegnet uns dieser lustige Neckname erstmals in den Traditionen des Klosters Altomünster, als man die beiden Höfe »ze den übelen Mannen« bezeichnet hat. Ob die zurückgebliebenen Keltoromanen an der Römerstraße bei den Umwohnenden als böse Leute galten oder als Straßenräuber in den umliegenden Wäldern einmal hausten oder nur ein Neckname vorliegt, wer wollte dies heute noch entscheiden. Vielleicht waren die »Übelmanner« auch nur dem geistlichen Schreiber des Klosters Altomünster nicht recht geheuer.

In der Folgezeit waren jedenfalls die früher vier, später nur mehr drei Bauern Untertanen des Klosters Altomünster, denen niemand mehr Übles nachgesagt hat.

WALKERTSHOFEN
Die Entstehung des Heilbades Walkertshofen

Um die Mitte des 16. Jahrhunderts hatte sich der abgedankte Amtmann des Pflegegerichtes Kranzberg, Jörg Haffner, als Bader im Hofmarksort Unterweikertshofen niedergelassen. Er entdeckte die Heilkraft des Brünnleins am Mühlberg bei Walkertshofen, denn seine seit Jahren gelähmte Hand wurde plötzlich wieder gesund.

Auch der »Beizöllner zu Schwabhausen, dem drei Jahre lang die Kürchen (der Kirchenbesuch) und baden (das öffentliche Baden) verboten gewesen (vermutlich wegen einer ansteckenden Krankheit), hat nach ihm gebadet; ist auch wohl geheilt worden«.

In einem Bericht des Kastners von Dachau vom 7. Juli 1551 ist das so aufgezeichnet worden (StAM): »Durch (die) Schickhung des Allmechtigen ist ferten (im vorigen Jahr) am Antlestag (Gründonnerstag) in Walkerzhofen ein Wildbad aufgestanden. Der Haffner hat das Bad zuerst angezaigt und den Fluss gefunden und als erster darin gebadet (er war an einer Hand lahm), allda geheilt, dann dermassen beschrait (verrufen) gewesen, dass er zu den Leyten nicht wol hat dürffen gehen. Also ist der Prunn durch ihn bewusst worden.«

WALKERTSHOFEN
Die Stiftung der Klausenkapelle in Walkertshofen

Ganz versteckt hinter dem Klausenhof, hingeschmiegt an den ehemaligen Mühlberg am Fuß des Dorfes Walkertshofen, steht die auf besonderes Betreiben des Weihbischofs Johannes Neuhäusler (1888–1973) wieder instand gesetzte Klausenkapelle.

Im Dreißigjährigen Krieg wurde ein bayerischer Offizier von den Schwedischen verfolgt. Er konnte sich gerade noch in das Buschwerk am Mühlberg hineinflüchten, das ehemals diesen Abhang ganz bedeckt haben muss. In seiner Todesangst soll er ein Gelübde gemacht haben, dass er, wenn es ihm gelänge, heil aus dem Kriege wieder heimzukehren und aus dieser Bedrängnis wieder lebend herauszukommen, an dieser Stelle eine Kapelle zu stiften.

Sein Gebet wurde erhört und so entstand die »Maria-Hilf-Kapelle« zu Walkertshofen.

WALKERTSHOFEN
Das Rundfenster von Walkertshofen

Wo das Glonntal sich gegen Indersdorf hin weitet und die Aichacher Straße das Glonntal überquert, liegt auf dem rechten Uferhügel das Dörfchen Walkertshofen. Auf dem höchsten Punkt des Hügels steht die Pfarrkirche, die äußerlich noch den romanischen Baustil verrät. Das Innere der Kirche ist renoviert und eines Besuches wirklich wert. Auf der Empore ist ein rundes Fenster zu sehen. Von diesem Rundfenster erzählt man sich folgende Sage:

Es ist schon etliche Hundert Jahre her, da lebten in Walkertshofen zwei Kartenspieler, wie man sie im weiten Umkreis nimmer gefunden hat. Und das wollte damals schon etwas heißen, wo doch zu jeder Tages- und Nachtzeit das Kartenspielen an der Tagesordnung war und mancher Bauer in seiner Spielleidenschaft Haus und Hof verloren hat.

Aber der Martl und der Sepp – das war schon ein Paar; die Tauben hätten sie nicht besser zusammentragen können. Jeder hatte irgendwo in der Tasche ein Spiel Karten und in des Teufels Gebetbuch kannten sie sich besser aus als im »Canisi« (Katechismus) oder in ihrem Gebetbüchl, das die längste Zeit im Kasten Ruhe hatte. Es waren zwei gewichste Spieler und besonders im Bierausspielen war ihnen keiner über. Wer mit den Zweien spielte, der war gelaust, bevor er es merkte, und hatte zum Schaden auch noch den Spott zu tragen. Damit sie aber nicht aus der Übung kamen, benutzten sie jede freie Zeit, um zu spielen, und hatten sie gerade keine Freizeit, so machten sie sich eine, wenn auch der Vater lamentierte und schalt. Besonders der Samstag war für die beiden Spieltag und so hockten sie wieder einmal zusammen beim Wirt in Walkertshofen und handelten Bier aus. Heute war keiner da, den sie auf gute Weise von seinen Guldenstücklein bringen konnten und so waren die beiden auf sich selber angewiesen. Freilich – es gewann keiner und verlor auch keiner, denn das Glück der Karten kam für sie nicht infrage. Da war schier kein Kartenblatt, von dem sie nach dem Mischen und Abheben nicht wussten, wo es lag, und den Belle, den hätten sie gar mit geschlossenen Augen aus dem Spiel herausgefunden.

So kartelten sie also Stunde um Stunde, tranken hübsch gemächlich, dafür aber ausgiebig ihr Bier und bekamen so langsam aber sicher ihren Brand zusammen. Krächzend schlug die Uhr die zwölfte Stunde und ein Bauer nach dem anderen trat den Heimweg an. Ganz Eisenfeste blieben bis ein Uhr pappen, machten sich aber auch endlich torkelnd auf die Füße und tappten ihrem Hause zu. Nur der Martl und der Sepp hockten im Winkel unter der Ölfunzel, hörten und sahen nichts als ihre Karten und ihr Bier. Als aber die Uhr zwei schlug, wurde es dem Wirte doch zu dumm. Er nahm ihnen kurzerhand die Karten weg und schob sie zur Türe hinaus. Martl maulte auf den Wirt, der Sepp aber fluchte, dass sich schier die Balken bogen vor Entsetzen, und sakramentierte, bis er daheim wie ein Stück Holz auf seinen Strohsack fiel.

Als am nächsten Morgen die Kirchenglocken zum Sonntagsgottesdienst riefen, da schlichen auch Martl und Sepp mit den anderen Kirchgängern zur Kirche. Glauben tat zwar keiner von den Zweien viel, dazu hatte sie schon der leibhaftige Höllteufel viel zu sehr am Bandel der Spielleidenschaft, aber das Kirchgehen war halt alter Brauch und man hätte sich vor den anderen Leuten schämen müssen. So fanden sie bald auf der Empore ein schön verstecktes Platzl und hockten sich da nieder. Der Martl war trotz Orgelspiels und Gesangs schon am Eindösen, als ihn ein unsanfter Rippenstoß des Sepp wieder weckte. Er tat einen Graunzer und blickte schläfrig zu seinem Spielkameraden hinüber. Der aber hatte statt des Gebetbuches ein Spiel

Karten aus der Tasche gezogen und murmelte dem Martl zu: »Tean mir a Mass aus, Martl!« Der blinzelte in der Nachbarschaft herum.

Da knieten die alten Bauern vor ihrem Gebetbüchl und ihr rissiger Zeigefinger fuhr von Buchstaben zu Buchstaben, Wort für Wort. Nein, die hatten keine Zeit, sich um andere Leute zu kümmern, die waren genügsam mit dem Lesen und dem Buchstabieren beschäftigt. Also fingen die zwei da oben ein Karteln an, während am Altare die heilige Handlung weiter ging. Die Opferung war vorbei und das Sanktus, aber die zwei da droben spielten, als ob ihrer Seele Seligkeit davon abhinge.

Draußen erhob sich ein Wind und man hörte das Rauschen der Bäume. Da stand der Böse vor der Kirchentür, grinste über die ganze Teufelsfratze und rieb sich die Hände, dass die Bäume erschaudernd seufzten und rauschten. Da drinnen reiften ihm zwei nette Höllenbewohner zu; solch einen Fang hatte er schon lange nicht mehr getan. So freute sich der Teufel und trat von einem Bocksfuß auf den anderen. Jetzt läuteten die Ministranten die heilige Wandlung ein. Und der Herrgott, der sich anschickte, sich selbst in Fleisch und Blut zu verwandeln und sich aufzuopfern für die sündige Menschheit, sandte einen Gnadenstrahl zu den beiden Schächern da oben auf der Empore. Dem Martl ging ein Schauern durch die Seele. Er lispelte dem Sepp zu: »Itzt betn ma, d' Wandlung leit's!« Der Sepp hatte wohl auch den Schauer gespürt, aber der war nicht so recht in seine Seele gedrungen, denn die steckte ganz in den Spielkarten, die er in Händen hielt. Er rieb sich die Hände, fluchte über die sakrische Kälte in dem Steinkasten und brummelte dem Martl zu: »Bet no, i misch derweil de Kartn.« Den Martl aber hatte die Gnade angerührt; er verbarg das Gesicht in seinen Händen und murmelte in einem fort: »O Herr, sei mir armen Sünder gnädig!« Und er beschloss, nie mehr in der Kirche Karten zu spielen.

Das Glöcklein der Wandlung war verklungen. Jetzt schaute auch der Martl wieder auf. Da – die Haare standen ihm zu Berge – der Platz neben ihm war leer, nur die verstreuten Spielkarten sagten dem Martl, dass das kein Fiebertraum gewesen war, was er sah. Durch die Kirchenmauer der Empore ging ein Loch ins Freie, so groß, dass leicht ein Mensch durchschlüpfen konnte. Da war es ihm klar, dass den Sepp, ob seiner Unbußfertigkeit, der Teufel bei lebendigem Leibe aus der Kirche geholt hatte. Und so war es auch. Martl umfing eine tiefe Ohnmacht. Man trug ihn in die Sakristei.

Das Rundfenster von Walkertshofen

Als er dort wieder erwachte, erzählten ihm die Leute mit entsetzten Gesichtern, dass man den Sepp mit in den Nacken gedrehtem Gesicht an der Kirchhofmauer gefunden hätte. Man hatte den Unglücklichen auch dort gleich verscharrt. Martl aber verfiel in eine lange und schwere Krankheit. Als er wieder genesen war, war aus dem leichtsinnigen Kartenspieler ein ernster Mann geworden, der seiner Lebtag lang keine Karte mehr angerührt hat.

Als man aber das Loch bei der Empore zuzumauern versucht hat, hat es sich gezeigt, dass der Mörtel nicht halten wollte. Die Steine fielen, so oft man sie auch wieder hineingesetzt hat, immer wieder heraus. Auch der beste Mörtel, mit Wein angerührt, half nichts. Selbst als die Steine und der Mörtel gesegnet wurden, blieb das Unternehmen fruchtlos. Da versuchte man das Loch mit einem runden Fenster zu schließen – und siehe da, es gelang. Seit dieser Zeit befindet sich auf der Empore zu Walkertshofen das kreisrunde Fenster.

WALPERTSHOFEN

Der Teufel kam durchs Waggonfenster

Als man 1867 die Eisenbahnlinie von München nach Ingolstadt gebaut hat, bekam auch Walpertshofen seine Eisenbahnstation. Dieses neumodische Verkehrsmittel hat sich sogar im Glauben und im Aberglauben der Leute, die an der Bahn wohnten und vor allem mit ihr gefahren sind, niedergeschlagen.

So war ein Ehepaar von Walpertshofen zu dieser Zeit der sicheren Meinung, der Teufel sei während der Fahrt zu ihnen ins Abteil gestiegen. Er kam aber nicht durch die Abteiltür herein, sondern er war durch das Waggonfenster eingestiegen.

Vorher hatte er sich durch Lichtsignale bemerkbar gemacht.

WEBLING

Im Pumperwäldchen geistert's

In dem Wäldchen hinter Webling ist es nächtlicherweise so unruhig, dass die Leute sagen, es wäre das Pumperwäldchen.

In Flammen gehüllte Reiter sollen dort mit großen Glocken einen ohrenbetäubenden Lärm verbreiten. Hinter ihnen kommen Diener mit Fackeln und fachen ein großes Feuer mit Blasebälgen an, während Trommeln zu vernehmen sind. In jeder Nacht wird von den daherstürmenden Reitern ein Baum umgerannt.

Welshofen
Da Mo ohne Kopf

Wia da Großvata, da Sedlmayr Sepp, amoi vo Welshof mit de Ross nach Altstettn umigfahrn is, dao haobm de Ross auf oimoi z'schnaufa ogfanga. Vier Manna san aus'm Hoiz außakemma und haobm an Mo tragn, der haot koan Kopf net ghabt. Dao is aba da Großvata weidagfahrn und haot si gar net bekümmert um de Manna. Da san de vier Mannsbuida mit dem ohne Kopf auf oimoi wieda verschwundn gwen. D' Ross habm 's Schnaufa wieda aufghört und alls is wieda vobei gwen.

Wenigmünchen
Woher Wenigmünchen seinen Namen hat

In Wenigmünchen lebte lange Zeit eine alte Überlieferung, es sei hier bei der Pfarrkirche zum heiligen Michael einst ein Klösterchen, eine kleine Propstei gewesen, in der die Konventualen, die Mönche, immer »weniger« geworden wären, sodass man dieses Klösterchen »Wenig Mönche« genannt habe. Schließlich und endlich seien diese wenigen Mönche ganz ausgestorben; der Name für dieses Klösterchen sei aber geblieben und habe sich bis heute in dem Ortsnamen erhalten.

Mit dem Pfarrhofbrand um 1704 – englische und holländische Truppen hatten während des Spanischen Erbfolgekrieges (1701–1714) unsere Dörfer stark verwüstet – gingen aber alle alten Urkunden von Wenigmünchen verloren, die auf eine schriftliche Überlieferung hätten hindeuten können.

Westerndorf
Die alte Schrankin

Nur ein kleiner Wegweiser in Biberbach deutet an, dass sich hinter den flachen Hügelwellen, die den Bach gleichen Namens begleiten, der kleine Ort Westerndorf verbirgt. Der gotische Sattelturm aus dem 15. Jahrhundert beherrscht das alte Dorfbild. In diesem kleinen Dorf an der Landkreisgrenze hat sich lange folgende Redensart und die dazugehörige Sage erhalten. Die Mütter sagten zu ihren Töchtern, wenn sie sich nicht »kampeln« (kämmen) lassen wollten: »Wart nur, wannst net bald staad bist, na kimmt de alt Schrankin und kampelt di mit am eisan Kampl!«

Das »Kampeln« war für die Mädchen früher nicht immer eitel Freude und Wonne. Sie trugen lange Zöpfe und das tägliche Richten und Flechten gab meist mehr Anlass zum Weinen als zum Lachen. – An Kirchweih, wenn das große Saubermachen im Waschzuber beendet war, war folgende Redensart üblich: »Itzt bist frisch gwaschn, gschneitzt und kampelt!« – Sagte man aber in einem anderen Zusammenhang den letzten Teil allein – »itzt werst gschneitzt und kampelt« – so hieß das, dass man gehörig ausgescholten wurde.

Noch drastischer wirkte sich die Redensart aus, wenn man sagte: »Wannst Hunger haost, werst kampelt!« – und die Kinder wussten dann, woran sie waren und was sie zu erwarten hatten.

»Die Schrankin« war eine sagenhafte Gestalt, die sich im nahen Wald versteckt halten sollte. Die Leute sagten: »Die alte Schrankin sitzt mit einem eisernen Kampel im Loach draußen.« Der Loach ist der Wald zwischen Westerndorf und Hörgenbach. Durch diesen Wald führte früher die Ortsverbindungsstraße, die heute auf halbem Wege zwischen Westerndorf und Biberbach rechts abzweigt. Hier wurden nicht die bösen Kinder, sondern die nächtlichen Wanderer von der alten Schrankin gekampelt. Das wird meistens die Hörgenbacher Bauern und ihre Knechte betroffen haben, wenn sie aus dem Wirtshaus verspätet nach Hause kamen und wegen ihrer zerzausten Haare den Kampel recht notwendig brauchten.

WIEDENZHAUSEN
Die Hexe und die Sauglocke

Ein schweres Unwetter braute sich wieder einmal hinter dem Rohrbach zur Glonn hin zusammen. Da wurde, wie es so üblich war, wieder einmal die Sauglocke von Wiedenzhausen ganz laut geläutet. Man sagte damals, dass man sie bis nach Inchenhofen (Landkreis Aichach-Friedberg) hätte läuten hören. Ein Zisterzienserpater, der in dem großen und berühmten Wallfahrtsort Inchenhofen seinen Dienst versehen und sich etwas mit Himmelskunde befasst hatte, sah sich diese gewaltige Wetterwolke bedenklich an. Da schaute doch aus dem Wolkenhaufen auf einmal eine überaus hässliche Hexe heraus. Diese holte nun der Pater mit seinem Gebet und mit der gewaltigen Stimme der Sauglocke aus ihrem Wolkenversteck hervor. Die Hexe sagte auf Befragen aus, dass, wenn man die Sauglocke nicht geläutet hätte, die ganze Region oder gar das ganze Bayernlandl durch dieses fürchterliche Unwetter zugrunde gegangen wäre. So hingegen ist nichts geschehen.

Seither wallfahrten die Wiedenzhausener auch heute noch jährlich zu Pfingsten nach Inchenhofen.

WIEDENZHAUSEN
Die Sauglocke auf dem Wiedenzhausener Kirchturm

Die sechs Zentner schwere Wetter- oder Sündglocke auf dem Wiedenzhausener Kirchturm trägt die Jahreszahl 1605 und wurde von Bartholomäus Wegerle gegossen. Die Leute nennen sie heute noch die Sauglocke.

Als im Dreißigjährigen Krieg die Schweden in Richtung Aichach vorgerückt sind und diese ringsum in den Dörfern unter vielem anderen auch die Kirchenglocken gestohlen haben, um sie einzuschmelzen und neues Kriegsmaterial für ihre Kanonen zu gewinnen, entschlossen sich einige beherzte Wiedenzhausener, ihre Glocken zu vergraben. – Alle, die das Versteck noch gewusst hätten, starben im Laufe der Jahre dahin; andere wurden von den Schweden erschlagen oder die fürchterlich wütende Pest raffte sie dahin. Die Glocken waren unauffindbar.

Durch Zufall wurden einige Jahre nach dem schrecklichen Krieg zwei von den insgesamt drei Glocken wieder gefunden. Da bemerkte ein junger Schweinehirt, dass auf dem sogenannten Wirtsberg seine Schweine auf etwas Hartes gestoßen wären. Der Schweinehirt meinte, er wäre auf einen verborgenen Schatz gekommen und grub diesen vollständig aus. Da stellte er fest, dass seine Schweine die verschwundene Glocke wieder gefunden hatten. Schnell lief er ins Dorf, um alles zu vermelden.

Die Einwohner von Wiedenzhausen brachten die Glocke in feierlichem Zuge in ihr Dorf zurück und hängten sie wieder auf den Kirchturm, auf dem sie noch heute ihren Dienst tut. – Und heute sagt man noch in Wiedenzhausen, es wird mit der Sauglocke geläutet, wenn ein Wetter aufzieht oder einer seine letzte Reise antritt.

WILLERTSHAUSEN

's Holledaua Liacht

Es is scho wolltlan lang her; Winta is 's gwen. Um de sell Zeit san de Bauan oiwei gern in d' Mui gfahrn. Sie ham Dawei (Zeit) ghaot, pressiert haots aa net, und 's Gmolta (Mehl) ham s' aa braucht.

So haot aa da alt Geisenfelda vo Willertshaun in olla Früah ogschpannt und is furtgfahrn mit'm Gmolta (Getreide, das zum Mahlen gefahren wurde) hint drom.

Wiara grad beim Gfeichat gwen is, is auf oamoi a ganz a kloans Liachtl vom Hoiz donakemma, grad auf eahm zua, und haot si glei beim Handross auf'n Kopf auffigsitzt.

Wo desell passiert is, soin s' vor an etla Jaohr oan dastocha ham.

Des Liachtl is auf'm Heita seim Kopf hocka bliem und haot an Bauan glei ganz schö einigleicht, bis auf Zolling zuawi.

Da hat 'n d' Schneid packt, wiara grad scho zuibigfahrn is an d' Mui, haot dem Liachtl recht schö toa wolln und zu eahm gsagt:

»Recht an Ehr Vogelt's God, Liachtl, dass d' ma so guat gleicht haost, de ganze Zeit her!«

Guat war's dem Bauan ums Herz, wiar's eahm grad so außakemma is, was er sagn hätt wolln. Dao haot si des Liachtl a nomoi a weng grührt, haot nomoi so a bissl hin- und hergwackelt – und, werst das net glaam, haot zu eahm gsagt:

»Vogelt's God, Baua, dass d' mi dalöst haost!«

Des gsagt – und voschwundn is 's gwen – und is bis heit aa koan mehr kemma.

WOLLOMOOS
Die Raben des Wodan

Zu Zeiten, als noch kein Christ in unserem Land von der Heiligen Schrift kündete, hatte sich einst ein armer Bauer im Walde an einer Buche erhängt. Als die Nachbarn ihn so fanden, schnitten sie ihn ab und ließen ihn auf dem Boden liegen, um der Seele Zeit zu geben, in das Totenreich hinüberzugehen. Zu später Stunde gingen dann ein paar beherzte Männer in den Wald, um den Leichnam zu bestatten. Scheu sahen sie sich um, ob ihnen auch niemand gefolgt war. Erst als das erste Dickicht des Waldes sie verbarg, gönnten sie sich eine kurze Rast. Danach suchten sie in der Finsternis zwischen den Stämmen nach dem Toten. Dort, wo es bei der Buche heller wurde vom Mondlicht, musste der Leichnam liegen. Die Männer schwiegen auf ihrem Weg durchs Holz, um die Götter der Nacht und des Todes nicht zu stören. Doch endlich lag der Erhängte vor ihnen. Das fahle Mondlicht erhellte die kleine Lichtung und ließ den Platz als Totentempel erscheinen. Rings um den Toten hockten Raben. Großen Schatten gleich saßen die heiligen Vögel des Wodan im Mondlicht. Sie hatten die Köpfe so unter die Flügel gezogen, dass die Schnäbel den Boden berührten. Andere hockten ringsum auf den Ästen in der gleichen Haltung. Alle schienen dem Toten ins Gesicht zu blicken. Selbst als sie die Schritte der Männer hörten, ging keine Bewegung durch ihre Reihen. Regungslos hockten sie wie versteinerte Abgesandte ihres heidnischen Gottes. Da erkannten die Männer, dass sie diesen Platz nicht betreten durften. Hier herrschte Wodan mit seinen Vasallen. Es war ihnen unheimlich, spürten sie doch die Nähe der Todesgötter. Entsetzt hasteten sie heim und waren froh, dieser schauderhaften Stätte den Rücken gekehrt zu haben.

Als sie am anderen Tag diesen Platz wieder aufsuchten, lag der Tote friedlich da, als schlummere er. Jetzt war er eingegangen ins Totenreich. Die Raben waren fort, und die Männer begruben den Leichnam unter einem großen Hügel.

Aber nur nachts, wenn alles voller Grauen war, hielten die heiligen Vögel des Wodan den Toten die Wache. Mit dem Morgengrauen mussten sie verschwinden, erzählten sich früher die Leute.

WOLLOMOOS
Der Frevel am Erhängten

Vor langer Zeit hatte sich in Wollomoos einer draußen im Wald an einer kleinen Birke erhängt. Sie leuchtete weithin mit ihrem linden Grün aus dem Dunkel der Fichten heraus.

Wenige Tage später saßen im Wirtshaus einige Männer beim Bier zusammen. Sie hatten schon weit über den Durst getrunken und in ihren Köpfen geisterte der wahre Übermut. Da fiel einem der Zechbrüder eine besondere Gaudi ein: Der Schreiner von Wollomoos, der mit ihnen am Tisch saß, sollte in den Wald hinausgehen und die Birke umhauen, an der der Tote noch immer hing. Dann sollte er den Toten mitsamt dem Baum in die Gaststube hereinschleifen. Ein Batzen Geld sollte der Preis für diese grausige Tat sein. Dem Schreiner gruselte es sehr vor diesem schrecklichen Tun, denn mit Erhängten sollte man weder Spott noch Frevel treiben. So überdachte der Schreiner die ganze Geschichte nochmals hin und her. Immerhin lockte der Batzen Geld, den er sich von den liederlichen Saufkumpanen verdienen könnte. Er zwirbelte seinen Bart hinauf und kratzte sich hinter dem Ohr, nahm einen tiefen Schluck aus seinem schon öfter geleerten Bierkrug und zu guter Letzt stürzte er noch ein Stamperl Schnaps hinunter, stand auf und rief den verduzten Männern zu: »Inaara halbn Stund bin i mit'm Baam und dem Toatn wieda da!« Und draußen war er bei der Tür. In der Gaststube war es auffallend still geworden. In den umnebelten Köpfen dämmerte es nun langsam, dass man den Frevel doch gar zu weit getrieben hatte.

Der Schreiner aber stapfte mit dem Hackel unter dem Arm in die stockdunkle Nacht hinaus. Wolkenfetzen jagten tief übers Land dahin, gespenstisch, bald heller und bald dunkler. Die Wipfel der Bäume bogen sich im Sturm. Wenig später hörte man vom Wald herüber die Schläge der Axt. Endlich fiel die Birke mit dem Erhängten unter den Axthieben des Schreiners und ein lautes Ächzen und tiefes Stöhnen ging durch den einsamen Wald. Mit zitternden Händen griff der Schreiner nach dem Birkenstamm, um ihn mitsamt dem Toten in die Dorfwirtschaft zu schleifen. Er zog fest an, um möglichst schnell dem Ort des Grauens zu entkommen. Doch der Baum rührte sich nicht vom Fleck! Da spuckte der kräftige Schreiner in die Hände, schrie noch »Hauruck!«, zog und zerrte mit aller Kraft. Nichts rührte sich. Nur der Wind heulte durchs Geäst.

War da nicht gerade ein leises Ächzen, ein klagendes Wimmern – oder gar ein gotteslästerliches Fluchen zu hören gewesen? Jetzt war es plötzlich ein ganzes Heer von Stimmen! Den Schreiner packte das kalte Grausen. Er dachte nicht mehr an die Axt, nicht mehr an den Baum, weder an den Erhängten noch an seine Wette. Er lief keuchend querfeldein, als ob es um sein Leben ginge und wusste nicht mehr ein und aus. Erst beim Morgengrauen fand er sich wieder zurecht. Mit morastigen Stiefeln, zerrissenen Hosen und mit wirrem Haar kam er endlich zu Hause an. Über das, was ihm in dieser Nacht widerfahren war, brachte er kein Wort heraus.

Wollomoos

Die Butterhexe

An einem Sonntag standen nach der Kirche etliche Bäuerinnen beisammen und ratschten nicht gerade zurückhaltend miteinander. – »Zwölf Küah haob i im Stoi drin und Muich und Rahm grad gnua; tua i aba ausbuttan, geht ma d' Milli oiwei net zamm«, sagte die eine. Die andere meinte: »Mia geht's genauso; bald i gleich drei Stund rühr, werd's aa nix.« – Eine dritte Bäuerin pflichtete den anderen bei und schimpfte: »Sogar mit'm Heiligdreikönigswassa und am gweichten Salz geht ma nix zamm.« – »Da is a Hex drin!«, schrie eine andere. »Dao muass a Hex im Dorf ummanandalaffa, die am ganzen schuid is«, meinte eine andere. Da steckten alle ihre Köpfe näher zusammen, machten ihre Buckel krumm, zogen die Schultern hoch und berieten insgeheim, wer im Dorf eine Hexe sein könnte. Im Dorf gab es eine Frau, von der man es nicht gerne sah, wenn sie an einer Stalltür vorbeiging oder mit ihren langen, gichtigen und dürren Fingern die Kühe streichelte, wenn diese auf die Weide getrieben wurden. Sonst konnte man der Alten nichts nachsagen. Sie hatte nur eine Kuh im Stall, arbeitete still für sich hin, ratschte nicht und kein Mensch kam zu ihr ins Haus. Dass sie aber neulich ganze zehn Pfund Butter aus ihrem Butterfass gehoben und zum Markt nach Aichach getragen hatte – das wussten alle Weiber im Dorf ganz genau.

Nun saß wieder einmal eine der Frauen vor ihrem verhexten Fassl beim Ausbuttern und drehte gar schon an die vier Stunden. So oft sie aber nachsah, lag das »Grüahrats« blau und wässrig im Fassl und wollte und wollte nicht zusammengehen. – Da packte die Bäuerin die blinde

Das Wichtlein im Osterholz bei Xyger

Wut. Sie schüttete den Rahm in die große hölzerne Schüssel, in die sie die Buttermilch abseihen wollte, lief in den Garten und schnitt sich dort von den wilden Heckenrosen armlange Dornenstecken ab, klapperte in ihren Holzschuhen ins Haus zurück und schlug nun mit dem Dornenbesen in den Rahm, dass Wände, Decke, Boden, Tisch und Stühle vom umhergespritzten Rahm ganz gesprenkelt aussahen. Sie hatte so lange darauf losgeschlagen, bis ihr der Arm müde wurde und sie erschöpft aufhören musste.

Am Tag darauf ging diese Bäuerin durchs Dorf. Da schau her, wem begegnete sie denn da? Der Alten, die so viel Butter hatte von ihrer einzigen Kuh. Und wie sie aussah! Ihr Kopf war mit weißen Leinenlappen dick eingewickelt, dass man Augen, Nase und Mund kaum sehen konnte. Höhnisch grinsend ging die Bäuerin an der Alten vorbei. Nun wusste sie's ganz genau. Sie hatte mit ihrem Dornenbesen auch die Hexe getroffen, die mit dem Rahm im Butterfass war. Schleunigst lief die Bäuerin ins nächste Haus, um ihre Neuigkeit loszuwerden, ehe sie geplatzt wäre. Dann ging's wie ein Lauffeuer durchs ganze Dorf: »Die Butterhex is gfundn, die Butterhex is gfundn!« Und ausgetrieben wurde sie auch gleich. Nun war wieder Ruhe im Dorf.

Xyger
Das Wichtlein im Osterholz bei Xyger

Diese Geschichte soll sich an einem Tag in der Wochenmitte abgespielt haben. Wie lange das aber her ist, das überliefert die Sage nicht.

Da ging einmal ein Mann heimzu durchs finstere Osterholz. Er war noch jung und das Leben freute ihn. Für ihn hatte der große Wald nichts Schauriges. Ihm gefielen die verzerrten Formen, die das schummrige Licht schuf. Selbst wenn er über eine der großen Wurzeln stolperte, so störte ihn das nicht im geringsten. – »Hättest wohl besser auf den Boden gesehen, als in die Zweige geguckt«, sagte er zu sich selber und gedachte, das Luftgucken zu unterlassen. Aber was war denn das? Da ging plötzlich neben ihm ein kleines, winziges Männlein. Es musste richtig trippeln, damit es mit dem jungen Burschen Schritt halten konnte. Es war ein eisgraues Männlein mit einem langen, schlohweißen Bart; in dem ganz verhutzelten Gesicht hatte es eine rote, runde Nase, die etwas zu groß geraten war für den kleinen Wicht. Das kleine Männlein sah nicht gerade freundlich zu ihm auf, denn es trug ja einen viel zu großen Sack über seiner Schulter, der sehr schwer sein musste. Es keuchte ganz schön bei diesen schnellen Schritten, die es machen musste. Dem jungen Mann fiel es gar nicht ein, dem Kleinen tragen zu helfen. Warum auch, denn das Zwerglein hätte ja nicht neben ihm herzulaufen brauchen. Da packte den Bauernburschen auch noch der Übermut. Er machte immer größere Schritte; er wollte sehen, wie lange das Männlein mit ihm mithalten konnte. Lächelnd und übermütig schritt der Bursche seines Weges; mit verbissenem Gesicht trippelte das Zwerglein neben ihm her. Plötzlich lief der Kleine, der kaum eine Spanne groß war, etliche Meter voraus, trat in die Mitte des schmalen Waldpfades, stellte den Sack ab und versperrte so seinem Mitwanderer den Weg. Der Große musste wohl oder übel stehen bleiben. Belustigt sah er von oben auf das kleine Zwerglein hinunter. Das aber wisperte mit seiner dünnen, krächzenden Stimme: »Vier Tage noch, dann wird das, was dir am liebsten ist, plötzlich tot sein!« Dann packte das winzige Männlein den Sack und trippelte in den düsteren Wald, ohne sich weiter um seinen Begleiter zu kümmern. »Du kleiner Gernegroß! Was weißt du schon, was mir lieb ist? Da müsste schon ein anderer kommen, der mich mit solch einer Drohung erschrecken könnte!«, rief er dem Männlein in das Halbdunkel nach.

Inzwischen war es Sonntag geworden. Der Bursche war mit seiner Braut beim Tanz gewesen. Lustig ist es zugegangen, mit roten Köpfen wurde gedreht und gestampft und die Röcke der Madln flogen. Nun war das Fest vorbei und die halbe Nacht war schon gut vorüber, als der Bursche sein Madl nach Hause brachte. Verträumt und voll heimlicher Seligkeit stand das Madl noch vor dem Spiegel. Als es gerade dabei war, das Mieder mit dem silbernen Geschnür zu öffnen, wurde ihm plötzlich schlecht. Schnell setzte es sich in den Stuhl mit der runden Lehne.

Als am Morgen die Mutter schon mehrere Male zum Aufstehen gerufen hatte und das Madl immer noch nicht erschien, ging sie selber in die Kammer, um nachzusehen, was vorgefallen sein könnte. Da saß ihre Tochter halb entkleidet tot im Stuhl. Die Weissagung des kleinen Wichtes war eingetroffen.

Quellen

Abraham a Sancta Clara: Gack, Gack, Gack, Gack à Gack. München 1687 – Lauterbach »Der Name Hundt« (S. 103); Taxa »Gnadenbild berauben« (S. 159); Taxa »Stall aus der Kirche machen« (S. 159); Taxa »Ring stehlen« (S. 159)

Nacherzählung der heimatkundlichen Stoffsammlung »Der Kreis Aichach«, Schularchiv Hilgertshausen – Altomünster »Feuriger Hund« (S. 15); Ruppertskirchen »Schimmel« (S. 138)

Aufgezeichnet nach einer Erzählung vom »Badhorn Schorsch zu Geierlambach« (1967) – Schidlambach »Es reigiert« (S. 139)

Clemens Böhne: Alte Erdwerke im Landkreis Fürstenfeldbruck. In: Amperland 6 (1970), S. 108–111 und 7 (1971), S. 130–132, 158–160, 176f. – Fürstenfeldbruck »Engelsburg« (S. 63); Germering »Parsberg« (S. 69)

Nach Josef Burghart, aus »Chronik von Bergkirchen«, unveröffentlichtes Manuskript (1948) – Bergkirchen »Wetter« (S. 25)

Erzählt von Josef Burkhart, Kirchenpfleger von St. Jakob in Dachau (1950er Jahre) – Dachau »Beichtstuhl« (S. 40)

Nach Oberlehrer Georg Donhauser, Egenburg, in »Aufzeichnungen zur Geschichte der Pfarr- und Schulgemeinde Egenburg« – Egenburg »Starker Hans« (S. 53)

Nach Erzählungen von Irma Eser, Odelzhausen – Roßbach »'s Liacht« (S. 138); Sixtnitgern »Warum Sixtnitgern so hoaßt« (S. 147); Taxa/Roßbach »Betermacha« (S. 162); Welshofen »Mo ohne Kopf« (S. 173)

Nach »Frigisinga«, Sonderbeilage des Freisinger Tagblattes (1924) – Egenburg »Verhängnisvoller Ritt« (S. 52); Odelzhausen »Weiße Frau« (S. 119); Sittenbach »Geist in der Kirche« (S. 145); Westerndorf »Alte Schrankin« (S. 174)

Heimatkundliche Stoffsammlung, Kreis Fürstenfeldbruck (1983) – Jesenwang/Kottgeisering »Gespenst im Meringer Wald« (S. 90); Jexhof »Boarisch Hiasl« (S. 93)

Nach Prälat Dr. Michael Hartig, Originalmanuskript im Pfarrhof zu Haimhausen – Haimhausen »Wallfahrtslegende« (S. 76)

Nach Dr. med. vet. Paul Hederer, Markt Indersdorf – Markt Indersdorf »Schmederer-Kreuz« (S. 109)

M. Huber: Der Heilige Alto und seine Klosterstiftung Altomünster. In: Wissenschaftliche Festgabe zum zwölfhundertjährigen Jubiläum des heiligen Korbinian. München 1924, S. 218ff. – Altomünster »St.-Alto-Legenden« (S. 11)

Nach der Aufzeichnung von Kunstmaler Wolfgang Huss, Hirtlbach – Hirtlbach »Mettennacht« (S. 82)

Nach den Klosterliteralien Indersdorf im Hauptstaatsarchiv München – Langenpettenbach »Propst Sutor« (S. 102)

Günther Kapfhammer: St. Leonhard zu Ehren. Rosenheim 1977 – Dachau »Heiliger Leonhard« (S. 42)

Nach Dr. Franz Keiner, Landshut, unveröffentlichtes Manuskript – Odelzhausen »In d' Höi neidruckt« (S. 121)

Nach Aufzeichnungen des Dachauer Kreisheimatpflegers Josef Kreitmeier (1973–1977), Gartelsried 1977 – Tandern »Wieskapelle« (S. 155); Übelmanna »Name« (S. 166)

Nach Aufzeichnungen von Karlmax Küppers, Kreisheimatpfleger von Dachau (1952–1972) – Ainhofen »Madonnenlegenden« (S. 8); Kollbach »Verschwundene Glocke« (S. 97); Puchschlagen »Kirche wanderte aus« (S. 131); Schwabhausen »Nikolausnacht« (S. 140); Sigmertshausen »Wallfahrtslegende« (S. 144)

183

Mündlicher Bericht von Pfarrer Josef Lamprecht von Hirtlbach, 27. Januar 1983 – Hirtlbach »Schlechts Zoacha« (S. 84)

Nach Aufzeichnungen von Oberlehrer M. Loder, Odelzhausen – Bayernzell »Kirchweihmontag« (S. 24)

Andre Mairock, Dachauer Nachrichten vom 20./21. 10. 1962 – Dachau »Teuflische Wette« (S. 43)

Nach Aufzeichnungen des Lehrers Josef Mayr, Tandern – Tandern »Der Schwarze Knecht« (S. 148)

Nach einer Erzählung von Barthel Moosrainer, Erding – Taxa »Gnadenbild wollte nicht nach Odelzhausen« (S. 160)

Nach Aufzeichnungen des Hauptlehrers Josef Obesser, Schwabhausen (1973) – Ainhofen »Teufel auf dem Markpfeiler« (S. 8); Langenpettenbach »Schlange mit Krönlein« (S. 100); Ottelsburg »Milchkuh steht trocken« (S. 122); Senkenschlag »Kühe geben keine Milch« (S. 141); Senkenschlag »Hex im Butterfassl« (S. 142); Tandern »Spuk im Wolfganger Holz« (S. 154); Thalhof »Geschichten« (S. 164)

Nach Aufzeichnungen von Fritz Pallor, Reichertshausen – Willertshausen »'s Holledaua Liacht« (S. 176)

Nach Aufzeichnungen von Hauptlehrer Pölzl, Schulchronik von Walkertshofen – Walkertshofen »Rundfenster« (S. 168)

Nach Aufzeichnungen von Hauptlehrer Georg Ruland, Pellheim – Pellheim »Schimmel ohne Kopf« (S. 128).

Nach Aufzeichnungen von Lehrer Helmuth G. Rumrich in seiner »Monographie über die Gemeinde Röhrmoos«, Eigenverlag 1971 – Arzbach »Kneißl Hiasl« (S. 22); Arzbach »Rosenkranzbeten« (S. 22); Röhrmoos »Kneißl Hiasl« (S. 136); Röhrmoos »Beim Wirt geht's um« (S. 136)

Nach Studienrat Franz Schaehle, aus »Dachauer Aberglauben« in »Altheimatland« (1927) – Ampermoching »Deife im Rührfassl« (S. 16); Arzbach »Dirn mit Gweichtl« (S. 22); Arzbach »Teufel und Eisenbahn« (S. 23); Bergkirchen »Feurige Soldaten« (S. 25); Dachau »Friedhofschänder« (S. 36); Dachau »Mi brennts« (S. 41); Dachau »Gute Geister« (S. 42); Dachau »Irrlichter« (S. 46); Dachau-Würmmühle »Gestohlene Uhr« (S. 51); Lauterbach »Feurige Rehböcke« (S. 102); Niederroth »Du hast mich erlöst« (S. 116); Oberbachern »Teufel als Geißbock« (S. 117); Oberbachern »Erdmandl« (S. 118); Walpertshofen »Teufel kam durchs Waggonfenster« (S. 172); Webling – »Pumperwäldchen« (S. 172)

Paul Schallweg: Huif Himmel! Rosenheim 1982 – Arnzell »Schwarze Hennen« (S. 19)

Nach Erzählungen von Josef Schamberger (1897–1976), Wiedenzhausen – Wiedenzhausen »Hexe und Sauglocke« (S. 175); Wiedenzhausen »Sauglocke auf dem Kirchturm« (S. 175)

Gisela Schinzel: Das versunkene Schloss. München 1974 – Dachau »Burg auf dem Giglberg« (S. 33); Dachau »Feurige Hunde« (S. 34); Dachau »Schimmel« (S. 35);

Fritz Scholl: Im Königreich Dachau. München 1933 – Dachau-Udlding »Sixt Jakl« (S. 48); Taxa« Häuslmayrwirt« (S. 156)

Nach einer Erzählung von Bäckermeister Bepp Seitz, Odelzhausen – Oberhandenzhofen »Feiringa Mo« (S. 118)

Anton Streichle: Das Bistum Augsburg. Augsburg 1864 – Pipinsried »St.-Wolfgangs-Kapelle« (S. 130)

Nach Aufzeichnungen von Oberlehrerin Barbara Ströb, Dachau – Dachau »Huissi-Vodda« (S. 40)

Franz Ignaz Thiermair: Kurze Beschreibung des Gesundbades Mariabrunn, München 1674 – Mariabrunn »Muttergottes« (S. 108)

Nach Rektor Nikolas Wagner in seiner »Heimatkundlichen Stoffsammlung. Der Kreis Aichach« – Asbach »Feiriger Hund« (S. 23); Buxberg »Feuriges Bierfass« (S. 29); Hilgertshausen »Heiliberg« (S. 81); Hohenried »Mesner« (S. 87); Hohenzell »Über Nacht grau« (S. 88); Kleinberghofen »Helena« (S. 93); Oberzeitlbach »Großer Hund« (S. 119); Stumpfenbach »Die weiße Frau« (S. 148); Tandern »Schimmel beim Flachsbrechofen« (S. 154); Thalhausen »Geist der Mutter« (S. 163); Wollomoos »Raben des Wodan« (S. 177); Wollomoos »Frevel am Erhängten« (S. 178); Wollomoos »Butterhexe« (S. 178); Xyger »Wichtlein im Osterholz« (S. 181)

Brigitte Wummel und Edith Volk: Geschichten aus dem Brucker Land. Eigenverlag 1982 – Alling »Mann ohne Kopf« (S. 10); Fürstenfeldbruck »Engelsburg« (S. 63); Germering »Parsberger Pfennigbächlein« (S. 68); Grunertshofen »Läalahund« (S. 74); Jesenwang/Kottgeisering »Gespenst« (S. 90); Mammendorf »Haldenburg« (S. 107); Türkenfeld »Hexen am Dreiherrenstein« (S. 166)

Die Quellenhinweise wurden aus der dreibändigen Originalausgabe (1977–1985) übernommen. Die von Alois Angerpointner darin aufgeführten Berufsbezeichnungen wie Hauptlehrer, Oberlehrer und so weiter wurden beibehalten, um ein Bild seiner Gewährsleute zu übermitteln.

Literaturhinweise

August Alckens: Landkreis Freising. Freising 1962.

Anton Baumgärtner: Beichelbecks Geschichte der Stadt Freising und ihrer Bischöfe. Freising 1854.

Theodor Bitterauf: Die Traditionen des Hochstifts Freising. München 1905.

Emmi Böck: Regensburger Stadtsagen. Regensburg 1982.

Franz Joseph Bronner: Bayerisches Schelmen-Büchlein. Dießen 1911.

Michael Buchberger: Kirchliches Handlexikon. Freiburg 1907.

Peter Dorner: Schlösser und Burgen um Dachau. Eigenverlag 1956.

Josef A. Fischer: Der Freisinger Dom. Freising 1969.

Pankraz Fried: Die Landgerichte Dachau und Kranzberg. München 1958.

Pankraz Fried: Herrschaftsgeschichte der altbayerischen Landgerichte Dachau und Kranzberg. München 1962.

Leonhard Huber: Land und Leute zwischen Aichach, Friedberg und Dachau. Wertingen 1962.

Wiguläus Hundt: Bayerisch Stammenbuch. Stuttgart/Tübingen 1830.

Günther Kapfhammer: Bayerische Sagen. Düsseldorf 1971.

Johannes Kist: Die Nachfahren des Grafen Bertold I. von Andechs. Neustadt an der Aisch 1967.

Rudolf Kriss: Volkskundliches aus altbayerischen Gnadenstätten. Augsburg 1930.

August Kübler: Dachau in verflossenen Jahrhunderten. Dachau 1928 (Reprint Dachau 1981).

Hermann Leidner und Alfred Weitnauer: Mein Sagenbuch. München 1960.

Anton Mayer und Georg Westermayer: Statistische Beschreibung des Erzbistums München-Freising. Regensburg 1874–1884.

Bernhard Müller-Hahl: Sagen und Legenden zwischen Leche und Ammersee. Hof 1979.

Wilhelm Heinrich Riehl und Gustav Bezold: Die Kunstdenkmale des Königreiches Bayern. München 1895.

Ludwig Rosenberger: Bavaria Sancta. Bayerische Heiligenlegende. München 1948.

Franz Schaehle: Abenteuerliche Schicksale auf bayerischem Boden. Altötting 1931.

Alois Anton Schleglmann: Geschichte der Säkularisation im rechtsrheinischen Bayern. Regensburg 1908.

Fritz Scholl: Im Königreich Dachau. München 1933.

Alexander Schöppner: Sagenbuch der Bayerischen Lande. München 1853.

Georg Schwaiger: Bavaria Sancta. Regensburg 1970.

Bruno Schweizer: Volkssagen aus dem Ammersee-Gebiet. Eigenverlag 1950.

Max Spindler: Handbuch der bayerischen Geschichte. München 1967.

Wolfgang Völk: Heimatbuch Grafrath, Kottgeisering, Schöngeising. Eigenverlag 1981.

Eduard Wallner: Altbairische Siedelungsgeschichte. München 1924.

Inhaltsverzeichnis

Vorwort des Verlages 5
Ainhofen (Landkreis Dachau): *Der Teufel auf dem Markpfeiler* 8
Ainhofen (Landkreis Dachau):
Die Madonnenlegenden von Ainhofen 8
Alling (Landkreis Fürstenfeldbruck): *Der Mann ohne Kopf* 10
Altomünster (Landkreis Dachau): *Die St.-Alto-Legenden* 11
Altomünster (Landkreis Dachau):
Ein Ziborium verschwand spurlos. 14
Altomünster (Landkreis Dachau):
Der feurige Hund bei der schwarzen Lache 15
Altomünster (Landkreis Dachau): *Die heilige Euphemia* 15
Ampermoching (Landkreis Dachau): *Da Deife im Rührfassl* 16
Ampermoching (Landkreis Dachau): *Vom Bocksreiter.* 18
Arnzell (Landkreis Dachau):
Von einer schwarzen Hennen und einem Hemadlein 19
Arzbach (Landkreis Dachau): *Der Kneißl Hiasl im Bienenhäusl* ... 22
Arzbach (Landkreis Dachau): *Vom Rosenkranzbeten in Arzbach* ... 22
Arzbach (Landkreis Dachau): *Die Dirn mit dem Gweichtl* 22
Arzbach (Landkreis Dachau): *Der Teufel und die Eisenbahn* 23
Asbach (Landkreis Dachau): *Da feirige Hund z' Aoschbao* 23
Bayerzell (Landkreis Dachau):
Der Teufel kam am Kirchweihmontag. 24
Bergkirchen (Landkreis Dachau):
Die feurigen Soldaten im Bergkirchener Wald. 25
Bergkirchen (Landkreis Dachau):
Wie der Pfarrer von Bergkirchen die Wetter abgehalten hat 25
Bernstorf (Landkreis Freising):
Die Heiligen rumpelten auf dem Troadbodn 27
Buxberg (Landkreis Dachau):
Das feurige Bierfass mit dem rotglühenden Hund 29

Dachau: *Wie der Kreuzpartikel von Dachau nach Scheyern kam* 30
Dachau: *Die abgehauene Hand* 31
Dachau: *Die Burg auf dem Giglberg* 33
Dachau: *Die feurigen Hunde vom Giglberg* 34
Dachau: *Der Schimmel vom Giglberg* 35
Dachau: *Von Friedhofschändern* 36
Dachau: *Nach seinem Tod umbgangen ...* 39
Dachau: *Mit'm Schlüsslbund gengan Beichtstui* 40
Dachau: *Vom Huissi-Voddan* 40
Dachau: *Mi brennts do aa nöt* 41
Dachau: *Alle guten Geister* 42
Dachau: *Kurze Hilfe des heiligen Leonhard* 42
Dachau: *Die teuflische Wette auf der Kegelbahn* 43
Dachau: *Von Irrlichtern auf der Münchner Straße* 46
Dachau-Etzenhausen:
Vom Ursprung der St.-Lorenz-Kirche in Etzenhausen 47
Dachau-Udlding: *Der Sixt Jakl von Udlding* 48
Dachau-Würmmühle:
Eine gestohlene Uhr kehrt in die Würmmühle zurück 51
Egenburg (Landkreis Dachau):
Der verhängnisvolle Ritt des Wirtes von Egenburg 52
Egenburg (Landkreis Dachau): *Der starke Hans* 53
Einsbach (Landkreis Dachau): *Salz ins Heilwasser geschüttet* 56
Eisenhofen (Landkreis Dachau):
Die drei adeligen Fräulein von Eisenhofen 58
Esting (Landkreis Fürstenfeldbruck):
Die Stiftung der Schlosskapelle 59
Freising: *Der Bär des heiligen Korbinian* 60
Freising-Weihenstephan:
Wie der Engelsflügel in das Weihenstephaner Wappen kam 62
Fürstenfeldbruck: *Die Engelsburg* 63
Gaggers (Landkreis Dachau): *Die Regenbogenschüsselchen* 66
Germering (Landkreis Fürstenfeldbruck):
Vom Parsberger Pfennigbächlein 68
Germering (Landkreis Fürstenfeldbruck):
Auf dem Parsberg geht's um 69

Giebing (Landkreis Dachau):
Da Wiesnbaua z' Giabing haot eahm ghoifa 70
Grafrath (Landkreis Fürstenfeldbruck):
Über die Herkunft und die Geburt des heiligen Rasso 72
Grafrath (Landkreis Fürstenfeldbruck):
Das Kreuz Kaiser Karls des Großen 73
Grunertshofen (Landkreis Fürstenfeldbruck): *Der Läalahund* 74
Hadersried (Landkreis Dachau): *Die Teufelsgasse bei Hadersried* ... 75
Haimhausen (Landkreis Dachau):
Die Wallfahrtslegende von der Bründlkapelle 76
Haimhausen (Landkreis Dachau): *Haimhausen und die Heimesage* . 78
Hallertau (Landkreis Freising):
Woher der Name »Holledau« kommt 80
Hebertshausen (Landkreis Dachau):
De Dirn haot's Ross zammdruckt......................... 81
Hilgertshausen (Landkreis Dachau): *Der Heiliberg* 81
Hirtlbach (Landkreis Dachau): *Der Teufel in der Mettennacht* 82
Hirtlbach (Landkreis Dachau): *»Des is a ganz a schlechts Zoacha«* . 84
Hohenkammer (Landkreis Freising): *Vom Hacklmo* 85
Hohenried (Landkreis Dachau): *Der Mesner von Hohenried*...... 87
Hohenzell (Landkreis Dachau): *Über Nacht grau geworden*....... 88
Inhausen (Landkreis Dachau): *Der Schimmel gab ihm das Zeichen*. . 89
Jesenwang/Kottgeisering (Landkreis Fürstenfeldbruck):
Das Gespenst im Meringer Wald.......................... 90
Jexhof (Landkreis Fürstenfeldbruck):
Der »boarisch Hiasl« beim Jexhof 93
Kleinberghofen (Landkreis Dachau):
Die Helena von Kleinberghofen........................... 93
Kloster Indersdorf (Landkreis Dachau):
Der barmherzige Maroldus............................... 95
Kollbach (Landkreis Dachau):
Die verschwundene Glocke von Kollbach..................... 97
Kranzberg (Landkreis Freising):
Der Fluch der unschuldig Verbrannten....................... 97
Langenpettenbach (Landkreis Dachau):
Die Schlange mit dem Krönlein im Hardt.................... 100

Langenpettenbach (Landkreis Dachau):
Propst J. B. Sutor entging nur knapp der Ermordung 102

Lauterbach (Landkreis Dachau):
Die drei feurigen Rehböcke zu Lauterbach. 102

Lauterbach (Landkreis Dachau):
Wie der Name »Hundt« entstanden ist 103

Mammendorf (Landkreis Fürstenfeldbruck):
Vom Untergang der Haldenburg 107

Mariabrunn (Landkreis Dachau):
Wie die Muttergottes geholfen hat 108

Markt Indersdorf (Landkreis Dachau): *Vom Schmederer-Kreuz* .. 109

Nandlstadt (Landkreis Freising): *Das abgeschlagene Haupt* 110

Neufahrn (Landkreis Freising):
Der Hochaltar in der Wallfahrtskirche..................... 111

Niederroth (Landkreis Dachau): *Du hast mich erlöst.* 116

Niernsdorf (Landkreis Freising):
Der Schwarze Ritter von Niernsdorf 116

Oberbachern (Landkreis Dachau): *Der Teufel als Geißbock* 117

Oberbachern (Landkreis Dachau): *D' Erdmandln auf 'm Troadbodn* 118

Oberhandenzhofen (Landkreis Dachau): *Vom feiringa Mo* 118

Oberzeitlbach (Landkreis Dachau):
Ein großer Hund mit dem Buckel von einer Katze 119

Odelzhausen (Landkreis Dachau): *Die »Weiße Frau« im Schloss.* . 119

Odelzhausen (Landkreis Dachau):
»Den haot da Deifi in d' Höi neidruckt« 121

Ottelsburg (Landkreis Dachau): *Die beste Milchkuh steht trocken* . 122

Ottmarshart (Landkreis Dachau):
Der Stier mit der Glocke auf den Hörnern 123

Palzing (Landkreis Freising): *Die Lange Agnes* 124

Pelka (Landkreis Freising): *Der letzte Pfarrer von Pelka* 127

Pellheim (Landkreis Dachau): *Der Schimmel ohne Kopf.* 128

Pipinsried (Landkreis Dachau): *Die Gründungssage von Pipinsried* 129

Pipinsried (Landkreis Dachau):
Die Gründungslegende der St.-Wolfgangs-Kapelle 130

Puchschlagen (Landkreis Dachau): *Die Kirche wanderte aus*..... 131
Rast (Landkreis Freising): *Die Maria-Rast-Kapelle* 132
Roggenstein (Landkreis Fürstenfeldbruck):
Der Teufel half mit beim Kapellenbau..................... 134
Röhrmoos (Landkreis Dachau):
Itzt bischt amoi mid'm Kneißl Hiasl duichs Hoiz ganga 136
Röhrmoos (Landkreis Dachau): *Beim Wirt z' Rearmoos geht's um* 136
Roßbach (Landkreis Dachau): *'s Liacht auf de Ross* 138
Ruppertskirchen (Landkreis Dachau):
Der Schimmel hat noch geläutet 138
Schidlambach (Landkreis Freising): *Es reigiert* 139
Schöngeising (Landkreis Fürstenfeldbruck): *Die selige Herluka* .. 140
Schwabhausen (Landkreis Dachau): *Die unheimliche Nikolausnacht* 140
Senkenschlag (Landkreis Dachau):
Die Kühe, die keine Milch mehr geben wollten................ 141
Senkenschlag (Landkreis Dachau): *Die Hex im Butterfassl*...... 142
Sigmertshausen (Landkreis Dachau):
Die Wallfahrtslegende von Sigmertshausen.................... 144
Sittenbach (Landkreis Dachau):
Der Geist in der Kirche zu Sittenbach 145
Sixthaselbach (Landkreis Freising): *»Sixt Haselbach!«*......... 146
Sixtnitgern (Landkreis Dachau): *Der Name Sixtnitgern*........ 147
Sixtnitgern (Landkreis Dachau): *Warum Sixtnitgern so hoaßt*.... 147
Stumpfenbach (Landkreis Dachau): *De weiße Frau vo Stumpfabao* 148
Tandern (Landkreis Dachau): *»Der Schwarze Knecht« von Tandern* 148
Tandern (Landkreis Dachau):
Der Schimmel beim Flachsbrechofen in Tandern 154
Tandern (Landkreis Dachau): *Der Spuk im Wolfganger Holz* 154
Tandern (Landkreis Dachau): *Von der Wieskapelle bei Tandern* ... 155
Taxa (Landkreis Dachau): *Der Häuslmayrwirt zu Taxa*......... 156
Taxa (Landkreis Dachau): *Über einen schwedischen Musketier,
der das Gnadenbild berauben wollte*........................ 159
Taxa (Landkreis Dachau):
Wie die Schweden einen Stall aus der Kirche zu Taxa machen wollten 159
Taxa (Landkreis Dachau):
Wie ein schwedischer Soldat einen Ring stehlen wollte.......... 160

Taxa (Landkreis Dachau):
Das Gnadenbild von Taxa wollte nicht nach Odelzhausen 160
Taxa/Roßbach (Landkreis Dachau):
Nur der Betermacha war z' Roßbach 162
Thalhausen (Landkreis Dachau): *Der Geist der Mutter* 163
Thalhof (Landkreis Dachau): *Geschichten vom Thalhof* 164
Türkenfeld (Landkreis Fürstenfeldbruck):
Woher Türkenfeld seinen Namen hat 165
Türkenfeld (Landkreis Fürstenfeldbruck):
Die Hexen am Dreiherrenstein 166
Übelmanna (Landkreis Dachau): *Der Name Übelmanna* 166
Walkertshofen (Landkreis Dachau):
Die Entstehung des Heilbades Walkertshofen 167
Walkertshofen (Landkreis Dachau):
Die Stiftung der Klausenkapelle in Walkertshofen 168
Walkertshofen (Landkreis Dachau):
Das Rundfenster von Walkertshofen 168
Walpertshofen (Landkreis Dachau):
Der Teufel kam durchs Waggonfenster 172
Webling (Landkreis Dachau): *Im Pumperwäldchen geistert's* 172
Welshofen (Landkreis Dachau): *Da Mo ohne Kopf*. 173
Wenigmünchen (Landkreis Fürstenfeldbruck):
Woher Wenigmünchen seinen Namen hat 173
Westerndorf (Landkreis Dachau): *Die alte Schrankin* 174
Wiedenzhausen (Landkreis Dachau): *Die Hexe und die Sauglocke* 175
Wiedenzhausen (Landkreis Dachau):
Die Sauglocke auf dem Wiedenzhausener Kirchturm. 175
Willertshausen (Landkreis Freising): *'s Holledaua Liacht* 176
Wollomoos (Landkreis Dachau): *Die Raben des Wodan*. 177
Wollomoos (Landkreis Dachau): *Der Frevel am Erhängten*. 178
Wollomoos (Landkreis Dachau): *Die Butterhexe* 179
Xyger (Landkreis Dachau): *Das Wichtlein im Osterholz bei Xyger*. 181

Quellen/Literaturhinweise 183